María Fernanda Prieto

¿EL AMOR TODO LO PUEDE?

María Fernanda Prieto

Psicóloga y Sexóloga

maferpuntog.com

Social Media *@maferpuntog*

BrandedLives

Editorial: BrandedLives.com
Revisión: Dra. Elsa Pulido.
Fotografía: Samuel Bueno.
Diseño editorial: Ysmerio Rodriguez   @ysmerios

© 2022, María Fernanda Prieto
ISBN: 979-8-9886915-2-5
© Derechos Reservados Miami 2023

AGRADECIMIENTO

Agradezco al Todopoderoso por darme la oportunidad de vivir esta maravillosa experiencia terrenal, que me ha permitido crecer espiritualmente. A mis padres que me enseñaron a amar sin límites, sin distinción, sin razas, ni credos, que me permitieron crecer en libertad y me han acompañado en cada paso que he dado.

Y cada uno de los maestros que he tenido durante toda mi vida, por haberme enseñado y ayudado a aprender y comprender que el amor es la fuerza más poderosa, capaz de transformar vidas.

ÍNDICE

PRÓLOGO

María Fernanda Prieto, psicóloga, terapeuta y sexóloga, especialista en terapia de relaciones de pareja, conferencista por demás; ha condesado en ¿El amor todo lo puede? la experiencia y conocimientos teóricos sobre el tema y la relación teoría-praxis.

Conocí a Mafer, como cariñosamente le decimos, cuando asistía a mi clase de metodología de la investigación, en el Centro de Investigaciones Psiquiátricas Psicológicas y Sexológicas del estado Zulia (CIPPSZ), donde hacia estudios de postgrado, en la mención Orientación en Sexología. Siempre con una sonrisa pícara y su saludo jocoso, no podía pasar desapercibida.

La acompañé en su recorrido, tanto por la escolaridad, como en la elaboración de su trabajo de grado. Hoy me sorprende al enviarme ¿El amor todo lo puede?, para que le haga la presentación. Compromiso que no eludí, en tanto, conozco su hacer profesional y la consideración de su eticidad.

Mafer nos relata la historia de vida de Abigaíl y Carlos, una pareja de jóvenes enamorados, pero con intereses distintos, donde muestra que si no existe la comunicación dialogal, cada uno irá por caminos diferentes, con cosas por resolver, para que puedan vivir a plenitud su amor.

El lenguaje preciso y sencillo, algunas veces con el humor característico de la vida real, permite la comprensión clara del mismo.

Sugiero la lectura de ¿El Amor todo lo Puede? y si encuentran similitudes, con su relación de pareja, no duden en buscar apoyo, tal como lo hizo a Abigaíl, quien ahora disfruta de la vida en todas sus dimensiones, amándose primero a ella misma.

Elsa Pulido

Licenciada en Educación, Filosofía, Master en Filosofía, Doctora en Ciencias Humanas, con estudios Postdoctorales en Ciencias Humanas

INTRODUCCIÓN

Durante mis trece años de experiencia en la consulta, me he topado con diferentes casos y he visto cientos de personas afligidas por distintas situaciones, que al cabo de un tiempo, apoyándonos en diferentes técnicas como, la desinstalación progresiva, la terapia regresiva, las técnicas de psiconeuroinmuendocrinología, la terapia del duelo y otras más, han conseguido la elaboración de sus respectivos procesos, logrando superar dichos eventos y salir totalmente renovadas de ellos, con una perspectiva distinta de la vida.

Lo que me ha demostrado que somos lo que pensamos, que creamos lo que creemos, que somos lo que nos enseñan y que vivimos bajo una serie de constructos de manera automática, sin detenernos a hacer consciencia de lo que realmente deseamos para nuestras vidas, por el simple hecho de no saber cómo derribar esos conceptos, que se nos han transmitido de generación en generación.

Lo que me motivó a compartir esta historia que leerán a continuación, es que pude notar, que ya se ha vuelto un patrón y una forma de vida en pareja, un camino por el que muchas relaciones transitan con desconocimiento, arrastrando cargas y resintiendo heridas emocionales, que de ser curadas a tiempo, les permitiría disfrutar una relación sana.

La siguiente historia está basada en hechos reales y me ha causado gran impacto, porque de una manera simple me ha demostrado, que lo que nos enseñan o lo que aprendemos, no siempre se adapta a nuestras necesidades o deseos y en ocasiones desaprender por más trabajo que cueste, es la mejor opción para dar paso a nuevos ideales, que nos permitan desarrollarnos emocionalmente de una forma sana y sin apegos. Los nombres de los participantes fueron cambiados por razones éticas.

¿El amor todo lo puede?, es la historia de amor de Abigaíl y Carlos, una joven pareja que transita una experiencia de amor, donde se hacen presentes distintos conceptos, con respecto a lo que eso se espera de una relación de pareja, donde se chocan los sistemas de creencias de dos personas, que han limitado el amor a la emoción y no han permitido que este se desarrolle a plenitud, poniéndole barreras y llenándolo de prejuicios.

Aquí les cuento mi experiencia como terapeuta de Abigaíl, donde ella después de separarse, logra por vez primera, encontrarse con su verdadero yo, entendiendo lo que realmente es el amor propio, logrando descifrar esa célebre frase, que había escuchado durante años de su vida, *"El amor todo lo puede"*.

Cada párrafo en este texto, pretende explicar de manera simple, que la vida no es una ecuación de tres, que no tiene fórmula y que en ocasiones, las cosas pueden salirse de control, pero así es la vida, dulce y amarga, con diferentes matices, con altos y bajos, incluso con términos intermedios y todos tienen como propósito, ayudarnos a sanar, crecer y aprender, valorando lo que es realmente importante, en este paseo al que hemos llamado vida.

Probablemente leas cosas que te sorprendan o quizás no, pero mi intención es que hagas consciencia de que definitivamente, somos seres espirituales, viviendo una experiencia terrenal, así que deja tus miedos atrás y simplemente vive, sin juzgarte, ni juzgar a nadie, cada cual tiene un motivo, para actuar de una determinada manera. Tu solo observa, analiza y toma lo que te pueda ser útil de cada experiencia.

Le daré a este texto, una óptica científica pero simple, que nos permitirá ver las cosas a través de otro cristal.

Créeme, que cuando creces espiritualmente, pocas cosas terrenales serán importantes y por ende pocas lograran hacer que pierdas el autocontrol, pero si ese momento llegase, tu solo respira y se un observador de ti mismo, de manera que puedas descifrar,

¿para qué atrajiste esa situación o persona a tu vida? simplemente pregúntate *¿qué debo sanar?* Y te aseguro que todo será más simple para ti. Una vez que hayas sanado, no necesitarás repetir esa experiencia en tu vida, ni encontrar culpables.

Acompáñame a romper tabúes y derribar esos muros mentales, que nos coartan la libertad emocional y como un grillete de miedos e inseguridades, nos mantienen en un mismo sitio, solo porque nos enseñaron a ser, lo que algunos consideran que es bueno o está bien.

Como lo digo en cada conferencia, lo bueno y lo malo, es cuestión de geografía, porque dependerá del lugar donde te encuentres, de la cultura, de las creencias, de la religión que profeses, incluso de la política, para emitir un juicio, así que abramos nuestra mente como un todo y no la dividamos, en el bien y el mal.

Hablar de amor es realmente amplio y profundo y nos pasea por diferentes vertientes, pero sin duda alguna, todas se resumen en bienestar y salud integral. El amor va mucho más allá de la divina sensación que experimentamos, cuando nuestro corazón late con fuerza en nuestro pecho y sentimos las famosas mariposas en el estómago, de hecho eso no es amor, es solo el resultado químico explosivo, de esas hormonas que nos hacen sentir como en las nubes y nos elevan de golpes, haciéndonos experimentar un éxtasis de placer, por lo novedoso de lo desconocido, pero es solo emoción y lo que conocemos como enamoramiento, pero no necesariamente termina o se transforma en amor.

Se nos ha enseñado que el amor es como en las películas de Disney, prácticamente un estado de letargo, en el cual solo se respiran aires de felicidad, con aromas florares, toques de vainilla, suaves y delicados tonos rosas, que nos llevan flotando todos los días al encuentro de la persona amada, acompañada de una dulce melodía que se escucha a lo lejos.

Pero eso solo pasa en Disney, el amor real, ese que vivimos con los pies en la tierra, puede nacer de una grata emoción y se cultiva día a día con nuestras acciones, con nuestras palabras, nuestros pensamientos, es decir, con el diario vivir, porque si bien es cierto que deseamos vivir eternamente enamorados y suspirando por nuestros seres amados, nuestra gran capacidad de adaptación, no nos lo permite, ya que llega un momento en el que la novedad, pasa a ser normal y por lo tanto pierde el famoso encanto.

Pero esto no quiere decir que se acabó el amor, por el contrario nace cuando a pesar de la ausencia de aquellos elevados picos de fuertes emociones, se toma la decisión de permanecer con esa persona, porque deseamos compartir diferentes momentos a su lado, porque deseamos crecer con ella y verle crecer, la hacemos parte de nuestros proyectos y la visualizamos en nuestros sueños y comenzamos a construir un mundo de su mano.

Esto es el amor, es una decisión, una elección, un estilo de vida, que nos permite conectar con otros seres humanos y darles un espacio en nuestras vidas. Demostrando con cuidados, atenciones, gestos, palabras y acciones, que deseamos el bienestar mutuo y esto implica salud emocional. Aunque esto no sea tan romántico como lo que leímos anteriormente, el amor no se reduce solo a los momentos de felicidad, tú puedes estar triste y seguir amando a alguien, tampoco se reduce a los momentos de alegría, ya que tú puedes estar enojado con alguien y aun así amarle profundamente.

Lo que significa que el amor no es sentir, porque de ser así amaríamos y desamaríamos incluso varias al día, según como se encuentre nuestro estado de ánimo.

Si combinamos el amor con el deseo, entonces obtenemos como resultado, las ganas de permanecer junto a esa persona y diseñar un plan de vida a su lado, siempre y cuando este plan sea en mutuo acuerdo e incluya, el respecto, la individualidad, la independencia y que a su vez les permita plantearse objetivos comunes, que les sea posible alcanzar trabajando en equipo.

El amar ocupa un componente cognitivo de gran importancia, que está estrechamente relacionado con la inteligencia emocional, que nos permite aprender a dar muestras de afecto, según las necesidades del otro, basado en nuestro aprendizaje previo psicoafectivo, dando paso a que dicho amor se acrecente según le sea permitido y se vaya nutriendo con nuevos aprendizajes.

Así como el amor hacia otros se demuestra con palabras y acciones, el amor propio también y este está directamente relacionado con el valor y autoconcepto que cada individuo tiene sobre sí mismo, su aceptación propia, la manera en la que celebra sus logros y acepta sus pérdidas, como se cultiva y que lugar tiene en su propia vida. Si tú te amas y eres la persona más importante en tu vida, no le permitirás a nadie que te dañe, que te lastime, ni quiera cambiar el concepto sobre ti mismo, ese que construiste desde tus experiencias de vida, haciendo respetar el valor que se tiene como ser humano, merecedor de respeto y amor.

Recuerda que nadie da de lo que no tiene, entonces primero amate profundamente, para dar ese gran amor a otros.

ESCENA I

El encuentro.

Abigaíl, es una joven de 28 años de edad, de estatura mediana, delgada, castaña y con una figura tropical por así decirlo, hace 8 años que trabaja como comunicadora social, en un canal de televisión, como conductora de un programa de ciencia y curiosidades. Realmente ama lo que hace, lo soñó desde niña y hoy disfruta hacerlo. Aunque su trabajo no es lo único que ama, pues también le encanta compartir con sus amigas, ir de compras, leer, bailar, ir al cine y para cada actividad saca tiempo. Según ella, vino a esta vida a disfrutar.

Abigaíl, es la mayor de tres hermanos, Susan y Marcos Junior, respectivamente. Sus papás Marcos y Neila, llevan un feliz matrimonio de 30 años, que describen como bueno, próspero y estable, con sus altos y bajos, pero ahí están y son el ejemplo a seguir y cuando digo seguir, créanme que es seguir, cueste lo que cueste y es justo ahí donde comienza esta historia, que se remonta a años y años de creencias, constructos y exigencias sociales que deben ser cumplidas a cabalidad, para así encontrar lo que conocemos como el famoso *éxito de la vida*.

Abigaíl, viene de una familia, donde el matrimonio, más que un placer, es una exigencia, pero es de entender, ya que la abuela Carmen, no se casó con el abuelo José y por ende sus hijos no fueron reconocidos, aunque vivieron juntos alrededor de 65 años, hasta que la muerte los separó, dejando viuda a la abuela hasta terminar sus días.

La situación, es que la abuela casó a todos sus hijos, llenándola de orgullo y satisfacción, por haber hecho lo que según ella, era lo correcto. Hoy en día los abuelos ya no están, pero los matrimonios de sus hijos, permanecen intactos en su honor.

Aunque no es tan simple como parece. Abigaíl, siempre ha sido una joven estudiosa y modosa, ha sido un tanto rebelde, sin gritos, ni pataletas, pero a la final hace lo que ella dice y punto, es como la oveja negra de la familia, pero de esas que no hacen escándalos, sino que sin decir mucho, pues se sale del rebaño, hace lo que desea y vuelve tranquilamente. En esta historia viviremos su experiencia de cerca.

El flechazo

Es martes por la tarde y Abigaíl, va a almorzar a su restaurante favorito, y así aprovecha y se encuentra con su amiga Lay. Al llegar al sitio, nota que en una mesa, está sentado un hombre y está solo. Él también la nota al entrar, ambos se miran y continúan con sus cosas. Ella saluda a Lay quien ya observó el cruce miradas y con una sonrisa llena de picardía, le dice a Abigaíl:

– Yo lo conozco, se llama Carlos y está soltero, pero voy a buscar más información – Ambas ríen, mientras Abigaíl, hace seña a uno de los chicos, para hacer su pedido.

Llega la comida y eventualmente miradas van y vienen. Ella conversa con Lay de todo un poco, hasta que ella termina de comer y se levanta para regresar a su trabajo. Se despide de Lay y velozmente mira al joven y sin ningún gesto y se retira.

Camino al trabajo, piensa en él:

– Es guapo, se ve interesante, me gusta ese chico, Carlos – se dice a sí misma.

Graba su programa y al finalizar, encuentra un mensaje de Lay, lo abre y sorpresa, es una foto de Carlos que aún está en el sitio. No puede evitar emocionarse y sonreír, en serio le ha gustado ese chico. Pero tampoco ira hasta allá solo para verlo, ni crea.

Ha sido un largo día y se siente un poco cansada, así que ha decidido no ir a clases de yoga. Camino a casa, se detiene a comprar una ensalada para la cena, porque no le provoca hacer nada, solo comer, darse un baño y acostarse, mañana será un nuevo día.

Aquí vamos de nuevo, la misma rutina, ducha fría, desayuno, panquecas de avena, con queso y miel, frutas frescas y yogurt y por su puesto agua para el resto de la mañana.

Camino al trabajo con una enorme sonrisa, Abigaíl recuerda las miradas que cruzó con Carlos y como él inquieto movía sus piernas de bajo de la mesa, cada vez que se encontraba con sus ojos. Suspira y dice:

– Espero volver a verlo pronto –

Llega a la oficina y es un buen día, hoy hará por primera vez un programa en vivo y esto la trae muy emocionada y contenta, se puede notar en su sonrisa y su energía, al entrar al set, da los buenos días con mucho ánimo, saludando a sus compañeros de trabajo y deseando que todo salga excelente. Comienzan a grabar y Abigaíl, se siente como pez en el agua, muy cómoda con lo que está haciendo y el equipo también y se lo hacen saber en los espacios de cada grabación. Una vez finalizado el programa, revisa su teléfono y encuentra de nuevo un mensaje de Lay que dice:

– Acaba de llegar Carlos, si quieres te espero aquí y almorzamos juntas – y cierra el mensaje con un emoticón de guiño, que sin dudas le saca una sonrisa a Abigaíl, y ella le responde:

– Claro, me parece súper, en veinte minutos estaré allá contigo y así te cuento como me fue hoy–

Se despide del equipo diciendo:

– Los veo al rato, después del almuerzo– y agita una mano diciendo adiós

Sube a su auto y ya con los nervios de punta, porque verá a Carlos de nuevo, se mira al espejo y dice:

– Abigaíl Virginia, usted bien modosa y sería, nada de monerías con ese hombre que ni siquiera conoces todavía–

Se retoca el maquilla y el perfume cuando está por llegar, se estaciona y se baja, hoy está hermosa, falda de tubo color verde, con una blusa blanca y zapato negros, que la hacen lucir, elegante y por supuesto Carlos la nota de inmediato al entrar, se queda mirándola y ella también, haciendo un saludo general:

– Buenas tardes, ¿cómo están?– Y Lay, de inmediato viene a su encuentro, con los brazos abiertos, la saluda y la toma de la mano y la acerca a la mesa en la que está sentado Carlos, que hoy acompaña al esposo de Lay, Armando, a quien Abigaíl saluda con mucho cariño y este seguidamente, de manera cortés se levanta y le presenta a Carlos, quien también se levanta y extiende su mano diciendo:

– Un placer conocerte, mi nombre es Carlos–

– El placer es mío, Soy Abigaíl – responde

Lay, interviene para hacer un poco más amplia la presentación de Abigaíl, diciendo:

– Ella es comunicadora social y ahora mismo está conduciendo un programa de ciencia y curiosidades que está de lujo, puedes verlo todos los días a las 10:00 am en el canal 534. Abigaíl, sonrojada solo dice.

– Gracias Lay por la publicidad. Ha sido un placer Carlos, me retiro para comer y regresar al trabajo–

– El gusto ha sido mío, buen apetito, disfruta tu almuerzo.–

Abigaíl y Lay, se van a la mesa y mientras esperan la comida muertas de risa Lay le dice:

– Ya lo sé todo sobre Carlos, es amigo de Armando y me dijo que está separado hace más de 5 años y tiene un hijo de 16 años, de hecho ha venido para acá, probablemente ya lo has visto, pero aún no sabes que es su hijo, luego lo conocerás. Pero lo bueno, es que él está disponible igual que tú. Y de verdad es guapo y muy agradable, es responsable, trabajador y muy respetuoso, pero tiene un carácter fuerte –

– Con estas recomendaciones, cualquiera compra un producto – dice Abigaíl entre risas.

Comen y toman un café y Abigaíl, se dispone a ir a su trabajo de nuevo, al pasar por la mesa en la que está Carlos, se despide deseándoles una buena tarde, por supuesto con una sonrisa. Y Carlos y Armando agitan sus manos para despedirse.

Asistente de Cupido

Abigaíl, se marcha y Lay le pasa una servilleta a Carlos con el número telefónico de Abigaíl anotado, él sonríe como muestra de agradecimiento y se despide para irse a casa, con la servilleta en la mano. Sube al carro y lo guarda inmediatamente en su celular y en el camino piensa:

– Abigaíl es muy linda y se nota que le gusta su trabajo, sería interesante conocerla un poco –

Llega a casa y se acuesta un rato a ver tele y se queda dormido.

Mientras que Abigaíl, está en el canal, grabando un programa especial por la época decembrina. Finaliza su jornada y se dispone a ir a su clase de yoga, hoy si está de ánimos, hace su rutina y se siente renovada, finaliza y ahora sí, se va a casa a compartir con la familia, para luego estudiar un poco. Abigaíl, está haciendo un postgrado y esto la tiene bastante entusiasmada, ama estudiar y para ella su carrera es algo realmente importante.

Cenan en familia y se comparten algunas anécdotas de sus jornadas. Abigaíl, se levanta de la mesa y va a darse una ducha y a prepararse para leer un poco sobre ese examen que tiene pendiente para la siguiente semana. Mientras se pone el pijama, suena su teléfono, tiene un mensaje de un número desconocido. Al abrirlo, en el avatar está la foto de Carlos y el mensaje dice:

– ¿Cómo estás, llegaste bien? –

Ella salta de la impresión e inmediatamente, piensa, Lay tuvo que ver con esto, sonríe llena emoción y le responde:

– si, llegué bien y ¿tú, que tal?– Mientras lo envía cierra los ojos dibujando una sonrisa en su rostro. Al cabo de unos minutos, Carlos contesta:

– también llegué bien, pero me quedé dormido y apenas voy despertando y quise saber cómo estabas – Lo envía y espera ansioso su respuesta.

– me da gusto y gracias por preguntar –

– te deseo una feliz noche, descansa y guarda mi número, puedes escribirme cuando gustes –

– ¡wow! ¡siiiiiiiii! – Voz interna. Arma un alboroto, pero responde sobriamente.

– igualmente tú, descansa –

Abigaíl, está emocionada realmente y mientras almacena el número telefónico de Carlos, se vuelve a dar una pasada por la foto de su perfil y le da un beso a la pantalla, en medio de risas y suspiros.

Ahora sí, a estudiar. Libros en mano, hoja para apuntes y laptop sobre el escritorio, todo listo y comienza a leer. Pero ahí viene de nuevo la imagen de ese inesperado mensaje de Carlos y por supuesto la fila de preguntas queriendo ser respondidas a punta de imaginación:

– ¿qué estará haciendo? – – ¿será que le gusto? – –¿qué edad tendrá? – – ¿lo veré mañana? – y todo esto viene acompañado de una voz interna un tanto más sobria y fría, de esas que te cortan toda la ilusión de un tajo:

– Si lo vas a ver o no, es indistinto, lo que no va a cambiar, será el examen de audiovisual, así que a lo tuyo Abigaíl, déjate de fantasías. —Voz interna. Y esto la hace volver a sus apuntes, leyendo durante una hora, hasta que siente sueño y recoge todo, para ir a la cama y dormir.

Nuevo día, Abigaíl se levanta para su rutina, prepara su desayuno y se lleva su café para el camino, para su sorpresa al llegar a la oficina, su teléfono tiene un nuevo mensaje y aquí vamos de nuevo, es Carlos con los buenos días. Y ella agitada, disimulando porque está en su trabajo, le responde con sobriedad.

– buenos días, ¿cómo amaneciste? –

– excelente, ¿y tú? –

– muy bien gracias, ahora mismo llegando al trabajo. –

– que gusto, ten una excelente jornada, espero verte más tarde en el lugar de siempre –

– de acuerdo, quede con Lay en ir a almorzar allá. Así que en un rato nos vemos –

– feliz día hermosa. –

Abigaíl, ya está un tanto emocionada, ya saben cómo es eso de las mariposas en el estómago y bla, bla, bla. Pero vuelve a su trabajo y lo hace genial, llena de energías y obvio, feliz así se siente hoy, por el efecto de lo novedoso, de lo desconocido. Pero ya saben, ella nació para disfrutar, así que se va a vacilar cada detalle.

Llega la tan esperada hora de almuerzo, como de costumbre de camino al café, retoca su maquillaje y al estar cerca rocía un poco de perfume, ya saben para impregnar el lugar, esto de la memoria olfativa da un excelente resultado, andar por ahí sin rumbo y que el mismo perfume de esa personita, te acaricie la nariz, hace que la traigas a memoria de manera grata y ella bien que sabe eso.

Entra, y ya ahí está Carlos, con una hermosa camisa blanca que le queda estupenda. Al acercarse a la mesa para saludar, él se levanta, extiende su mano y se acerca para darle un beso de saludo. Y Abigaíl, también puede sentir su delicioso perfume, impregnado en su cuello y en su ropa, algo que a ella le encanta y realmente disfruta. Él la aborda preguntando:

– ¿cómo estás, como te fue en el trabajo? –

– muy bien gracias, me fue estupendo, hoy el trabajo salió buenísimo. –

Armando, que acompañaba a Carlos, se acerca de nuevo a la mesa y saluda a Abigaíl, con un beso y un abrazo y amablemente le pregunta:

– ¿cómo estas hoy? –

– bastante bien ¿y tú?

– excelente gracias. Si gustas puedes acompañarnos a comer – dice Armando.

– no se preocupen, quede en comer con Lay, que de hecho ya está en la mesa esperándome. – Abigaíl, agita su mano, en la distancia, para saludarla y hacerle saber que ya se acerca a la mesa. Y se despide de ellos deseándoles buen apetito.

– gracias – responden Armando y Carlos.

Abigaíl, llega a la mesa y saluda a Lay y en el oído le ha dicho:

– estás pasada, ya me escribió – Lay se emociona y dice:

– es que a mí lo de cupido siempre se me ha dado muy bien – y entre risas y alboroto, le dice a Abigaíl:

– cuéntame todo –

– tampoco es mucho que contar, un par de saludos y la intención de vernos hoy aquí –

– ¿y entonces, por qué no comiste con él?

– porque no es una cita, el simplemente dijo que nos veíamos en el lugar de siempre, y pues aquí estamos como dice la canción: en la misma cuidad y con la misma gente –

– de seguro, pronto te invita a verse en otro lado, para poder hablar. –

– tal vez si, veamos.

Comen y charlan de otras cosas y después del respectivo café, Abigaíl se levanta para regresar al trabajo y pasa por la mesa donde se encuentra Carlos, para despedirse brevemente.

– nos vemos luego, que pasen una excelente tarde –

– Chao, cuídate—responden Carlos y Armando

El acercamiento.

Al llegar al trabajo, recibe un mensaje de Carlos, que dice:

– estás hermosa –

– muchas gracias –

– ¿te puedo invitar en la tarde un café? –

– si claro, al salir del trabajo, te escribo –

– me parece excelente, hablamos al rato, feliz tarde –

– igualmente –

Carlos, se queda en el café con Armando, mientras espera que Abigaíl termine su jornada de trabajo y le avise para verse.

Abigaíl ya está terminando, así que le escribe como acordaron.

– ¡hola! ¿Cómo estás? He terminado de trabajar. –

– si te agrada podemos ir a un café al aire libre, en un parque que está cerca, se llama Café Lago, ¿sabes cuál es? –

– ¡sí, claro! Nos vemos en media hora en ese sitio.

– de acuerdo, me parece bien. Chao. –

Abigaíl, termina de trabajar y se refresca un poco el maquillaje y el cabello y sale para encontrase con Carlos, está ansiosa y curiosa de lo que puedan hablar. Carlos también lo está. Ya saben los nervios de la primera cita, la primera conversación que los llevará a descubrir lo que ya estaba descubierto. Pero de esto se trata la vida, de conocer gente, que te ayude a sanar, a crecer y a convertirte en tu mejor versión, ya verán a que me refiero cuando les digo esto. Acompañemos a este par a conocerse, para ver cómo se desenvuelven más adelante..

Al llegar sitio, Carlos ya la está esperando y la recibe con una agradable sonrisa y ella lanza otra de vuelta, mientras se acercan para darse un beso de saludo nuevamente. Piden dos cafés y un postre para compartir y comienzan la charla modo básica.

– ¿y el trabajo como marcha? – pregunta Carlos.

– va excelente, estos últimos días han sido realmente buenos y productivos, estoy preparándome para seguir escalando –

– qué bueno eso, me alegra saberlo, parece que disfrutas lo que haces y eso es muy importante.

–¿y tú a que te dedicas? –

– soy comerciante, exporto una gran variedad de productos, poco a poco te iré contando. Ahora mismo estoy enviado vinos de Argentina a Colombia. –

– suena bien, te deseo lo mejor, aunque ya debes saber cómo hacer tu negocio. –

– si, la verdad que ya tengo tiempo haciendo esto, aunque siempre se aprende algo nuevo. Y cuéntame ¿tienes pareja?

– no, llevo un par de años soltera, me he dicado a los estudios y a mi trabajo como pudiste notarlo, eso es algo que de verdad me apasiona. ¿Y tú?

– no, igual que tú, pero ya tengo cinco años separado de la mamá de mi hijo, tuvimos una relación un tanto peculiar, porque yo viajaba mucho por mis negocios y finalmente al estar constantemente juntos, no logramos amoldarnos el uno al otro. Pero hoy en día, somos amigos, porque tenemos un hijo en común. ¿Tú tienes hijos? ¿Eres divorciada? ¿Algo que deba saber?

– no, no tengo hijos, creo que no estoy preparada aún para eso y hasta los momentos no me he casado. Pero la verdad, me gustaría casarme y todo eso.

– yo tampoco me he casado jamás, hoy a mis cuarenta y cinco años soy soltero –

Y es aquí mis queridos lectores, donde comienza una larga lista de alertas, que llamaremos banderas rojas, que nos sirven para darnos cuenta cuando algo no anda bien ya sea para aclararlo y poder seguir en santa paz o simplemente nos borramos del panorama y listo.

Nos enseñaron que cuando el corazón late fuerte, es porque hemos encontrado a la persona indicada ¿Pero qué tal si es nuestro instinto avisándonos que ahí, hay peligro?

María Fernanda Prieto

ESCENA II

Soltero hasta la muerte

Y como veníamos en la conversación del café, Carlos dice con regocijo que es un soltero forever, pero vivió 17 años, con la que hoy en día es la mamá de su hijo, pero bueno nada, esto se puede pasar por alto. Y entonces Abigaíl en un tono juguetón le dice:

— o sea que hablo con el soltero más cotizado de la ciudad y no me lo habían dicho, pero que gusto. — dice en medio de sarcásticas risitas.

— él también se ríe y le dice, no te burles, no seas mala. En realidad no tengo planes de tener una relación en este momento con el fin de establecerme formalmente. — Aquí aparece nuestra primera bandera roja, si no han logrado detectarlas, los ayudo, me robaré dos segmentos de texto para ponerlos en contexto:

— "hasta los momentos no me he casado. Pero la verdad, me gustaría casarme y todo eso." Dice Abigaíl.

— "En realidad no tengo planes de tener una relación en este momento con el fin de establecerme formalmente." Responde Carlos.

Esta bandera roja indica que en este preciso momento ellos no quieren lo mismo, en lo que a una relación de pareja respecta, o lo que es más simple, no van hacia el mismo sitio, emocionalmente hablando. Pero ya saben cómo es el ser humano, le vale madre que eso sea así, de hecho ni siquiera lo han notado, así que ellos igual tomaran el mismo vuelo, aunque quieren visitar diferentes destinos. Mientras tanto, nosotros seguimos conociendo a este par, que se las trae, son valientes y cojonudos, porque les vale un porro, que desde ya no quieren lo mismo, pero igual, ellos siguen avanzando.

— ahora mismo tengo cuarenta y cinco años y mi plan es casarme a los sesenta — dice Carlos.

– para tener una pareja a los sesenta, es muy recomendable, cultivarla con un poco de antelación – responde Abigaíl.

– tal vez sea así o tal vez no, pero ese el plan que tengo hasta ahora. – se hace un breve silencio y Carlos lo rompe majestuosamente diciendo.

– y te gusta ejercitarte por lo que he notado, en ocasiones te he visto con ropa deportiva –

– ¡sí!, me gusta ir al gym y hacer yoga, por lo general lo hago al salir del trabajo, es mi momento favorito. ¿A ti te gusta algún deporte? –

– Juego pelota los fines de semana, para distraerme con mis amigos. Y hace un tiempo estuve yendo al gym, pero la verdad no me gustan muchos la rutina, me aburro rápido. –

– cuando gustes podemos caminar juntos una tarde, en el parque – dice Abigaíl

– sería bueno, me gusta la idea. ¿Te parece el siguiente lunes? – pregunta Carlos

– estaría perfecto, quedamos para este lunes. Yo por ahora debo irme, tengo compromisos y ya le he restado tiempo, pero ha sido un placer compartir contigo.

– el placer ha sido todo mío la verdad, eres muy agradable y sobre todo inteligente—

– gracias por el cumplido, que estés súper bien, cuídate, nos hablamos luego—

Vaya que Carlos ha salvado la noche con ese pequeño giro en la conversación. Y ya quedaron para verse una segunda vez el siguiente lunes.

Más y más banderas rojas

Han pasado los días y el tan esperado lunes ha llegado. Tanto Carlos como Abigaíl, se sienten un poco ansioso, ustedes saben cómo es esto de las primeras citas, todo un estrés para parecer perfectos y actuar sin espontaneidad por miedo al rechazo, queriendo dar la mejor impresión, para poco a poco ir dejando ver nuestra verdad verdadera. Nuestra vida real y no la virtual, esa donde nos levantamos de mal humor quizás, o donde algún día no traemos nada de dinero en la cuenta, o nos enfermamos del estómago, ese tipo de cosas que le suceden a la gente real.

Pero bueno, aquí está cada uno colocándose ropa deportiva y litros de perfume, por eso de la memoria olfativa y el aseo personal.

– buenas tardes, espero estés bien. Ya estoy en el parque – escribe Carlos

– yo estoy en camino debo llegar en cinco minutos, estaciono cerca de tu carro –

– de acuerdo –

Llega Abigaíl, como toda una princesa gimnasta, linda y muy cómoda. Carlos se baja del carro y se acerca para saludarla. Ambos extienden sus manos y las toman para acercarse el uno al otro, y darse un beso en la mejilla, de esos que te permiten sentir la fragancia del otro, a ambos les agrada el perfume de cada uno y eso parece ser bueno, tonto pero bueno.

– te ves muy hermosa hoy –

– gracias igual tú. ¿Cómo estuvo tu día? –

– excelente hoy me ocupé, yendo al colegio de mi hijo a buscar unos papeles, pero nada del otro mundo –

– qué bueno que pudiste resolver. Y cuéntame de tu hijo ¿qué edad tiene? –

– diez y sies años, acaba de salir del bachillerato, pero aún no sabe que estudiar, ya sabes cómo son a esa edad –

– ¡sí! En ocasiones les cuesta definir qué es lo que realmente les gusta, pero puede ir probando con algunos cursos que precisen sus gustos, a ver qué tal le resulta. –

– me parece una buena idea, se la compartiré a ver qué le parece –

Después de hablar de cosas, han terminado su caminata y Carlos acompaña a Abigaíl hasta su carro y sube para despedirla. Sus intenciones son obvias, pero esperemos.

– fue bueno compartir hoy esta caminata, espero te vaya muy bien, cuídate – mientras se acerca para darle un beso de despedida, pero esta vez en sus labios y Abigaíl, ha respondido sin ningún freno, obviamente ella también quería besarlo y que rico está ese beso, lo están disfrutando.

En medio de un suspiro, Abigaíl, se retira un poco y él vuelve a besarla y en medio de tantos besos él le ha hecho una petición:

– tócamelo—

– ¿cómo? está loco– voz interna. Ella no se lo esperaba y se ha sentido un poco incómoda, tiene un poco de pena, en su mente, esto es muy rápido, incluso para una mujer de veintiocho años y con experiencias previas.

– no quiero – es lo único que dice y se retira lo suficiente como para observarlo de pies a cabeza.

– si no lo haces tú, lo hará otra. Yo no voy a pasar meses esperándote –

– ¿qué carajos, cuáles meses? Es la segunda vez que nos vemos a solas – voz interna de Abigaíl.

– no importa quien lo haga, yo no quiero hacerlo – le responde ella en voz alta

Obviamente ya notaron la bandera roja, de un narcisista, egocéntrico, que ha venido dosificando atenciones y cumplidos y que demanda atención a gritos y aunque no se deje ver, aquí está presente la primera señal, que deja en claro que ella no es la única, hay muchas por ahí que lo pueden complacer cada vez que él lo deseé.

Pero ya saben cómo es nuestro cerebro, y como ha iniciado fase enamoramiento, todo aquí es bello y todo absolutamente todo, tiene justificación, porque además de conocer a esa otra persona, la estamos idealizando y sus defectos se hacen borrosos. En otras palabras Abigaíl, no se ha percatado de esta bandera roja tampoco.

Cabe destacar, que Carlos está actuando, acorde a lo que él busca en una relación de pareja o con una chica, él fue muy claro cuando dijo:

– "En realidad no tengo planes de tener una relación en este momento con el fin de establecerme formalmente."–

Esto es una bandera roja, porque ya les está avisando de nuevo a ambos, que no buscan lo mismo, solo que están tan extasiados de dopamina y oxitocina que no pueden darse cuenta, solo están concentrados en los divinos besos y sus perfumes. Lo que nos va a permitir ver otra cantidad de banderas más.

Tener claro lo que buscamos y ofrecemos en una pareja es de suprema importancia, para elegir a quien será nuestro compañero o compañera en dicho propósito, ya que existen diferentes formas de establecer relaciones en pareja, para comprenderlo, les hablaré un poco sobre la teoría del amor de Sternberg, una de las teorías más conocidas, la teoría triangular del amor.

Robert Sternberg, es un psicólogo estadounidense, profesor de la Universidad de Yale, ampliamente reconocido por sus investigaciones. No solo se ha interesado por el amor, sino que la inteligencia o la creatividad también han sido objetos de interés en sus investigaciones realizadas en el ámbito de la Psicología Cognitiva y de las emociones.

Quien nos plantea que el amor está compuesto por 3 cualidades que se manifiestan en cualquier relación amorosa: intimidad, pasión y compromiso.

La intimidad hace referencia al sentimiento de cercanía, a la conexión entre las dos personas que forman parte de la historia de amor, a la confianza entre ellos, a la amistad y al afecto.

La pasión: Este componente es la excitación o la energía de la relación. Los sentimientos de la atracción física y el impulso o la necesidad de estar con la otra persona y de tener relaciones íntimas.

El compromiso: Hace referencia a la decisión de iniciar y seguir en la relación a pesar de los altibajos que puedan surgir.

Estos elementos puestos en la práctica, se entremezclan entre sí y saber distinguirlos en un marco teórico nos ayuda a comprender el fenómeno del amor y a reconocer mejor sus matices y detalles.

Según las posibles combinaciones, Sternberg afirma que existen distintas formas de amar y pueden ser entendidas de manera aislada o como etapas:

1. Cariño

El cariño hace referencia a la amistad verdadera. Solo hay intimidad, pero no existe pasión ni compromiso. Los miembros de la relación se sienten cercanos y confían el uno con el otro, pero no hay deseo de tener relaciones íntimas ni compromiso como pareja.

2. Encaprichamiento

En esta forma de amar hay mucha pasión, no obstante, no hay ni intimidad ni compromiso, lo que convierte este tipo de relaciones en superficiales. Sería una especie de romance pero que termina pronto o al principio de una relación, en la que existe mucho deseo por tener relaciones íntimas pero no hay suficiente confianza ni compromiso.

3. Amor vacío

El amor vacío se caracteriza por un elevado compromiso, sin pasión ni intimidad. Esto es habitual en las relaciones interesadas o en las de larga duración, cuando no existe ni confianza ni relaciones íntimas, pero sí que existe compromiso por estar juntos.

4. Amor romántico

El amor romántico es una forma de amar en la que los miembros de la relación sienten atracción y excitación y además, tienen confianza y cercanía. El amor romántico ha inspirado miles de novelas y películas, es el amor que sienten Romeo y Julieta. Si esta etapa continúa con grandes experiencias, juntos podría acabar provocando el compromiso.

5. Amor sociable

Suele ocurrir en relaciones duraderas. Existe intimidad y compromiso, pero no pasión. Es el tipo de amor que puede manifestarse cuando la pareja carece de deseo y excitación hacia la otra persona, pero la convivencia, los hijos y las experiencias juntos les mantienen unidos. Esta relación puede parecer satisfactoria para los miembros y durar mucho tiempo.

6. Amor fatuo

En el amor fatuo predomina la pasión y el compromiso, pero no existe intimidad. El amor fatuo puede producirse porque los miembros de la pareja quieren estar juntos, pues existe el deseo y la excitación de vivir experiencias íntimas, sin embargo, no tienen muchas cosas en común.

7. Amor consumado

Este es el amor completo. Está formado por los tres elementos de la teoría piramidal de Sternberg. El amor consumado es el principal arquetipo amatorio, es el amor ideal y también recibe el nombre de amor maduro.

Hasta el momento Carlos ha ofrecido una relación de encaprichamiento, sin intimidad ni compromiso y Abigaíl sueña con un amor consumado. Aunque quieren dos tipos de relaciones diferentes, estas formas de amar, pueden darse en etapas y pasar de una a la otra. Ya veremos que sucede.

Carlos por supuesto ha salvado la noche de nuevo con una frase infalible:

– disculpa, es que me gustas mucho y me descontrolé, lo siento de verdad no volverá a pasar. –

– tranquilo, no te preocupes, me tomaste por sorpresa, de verdad no me esperaba eso –

– tienes razón vamos con calma –

– muchas gracias por comprender –

¿Ya notaron esta bandera? Sí, hay otra bandera roja, pero pasa por debajo de la mesa y a esta la llamo modo camaleón, que es la capacidad que tiene el ser humano de camuflar su comportamiento, adaptándose, solo para conseguir lo que desea. Esto lo digo, porque las disculpas de Carlos y la aceptación de estas por parte de Abigaíl, no son tan sinceras como las expusieron, pero como ellos se gustan, pues quieren seguir forzando la barrera y estar juntos.

La pregunta de siempre es ¿Y cómo sé cuándo está modo camaleón? Y mi respuesta siempre será la misma. Es un poco difícil, porque usualmente los camuflajes son muy buenos, pero es fácil saber si tú estás modo camaleón, cuando estés a solas repasa lo sucedido y verifica como en realidad te sentiste y como terminaste actuando, eso te dará la verdadera respuesta y si estás camuflándote, solo para no ser rechazado o rechazada, entonces déjame decirte mi querido lector, que ahí no es, sino puedes ser tú, entonces vete.

Viaje de negocios

Días van y vienen y Carlos y Abigaíl, han aumentado los textos y se frecuentan más en el café de siempre. Pero a Carlos, le ha salido viaje de negocios y se ausenta por más de veinte días, aunque igual se mantiene en contacto por el teléfono y en su regreso inmediatamente le escribe a Abigaíl, para verse.

– buenas tardes, ¿cómo estás? Ya he descansado un poco y me gustaría invitarte a comer esta noche, ¿qué dices? –

– claro me encantaría, pasas por mí a las 8:00 pm –

– me parece excelente te veo a esa hora, besos –

Abigaíl, sale del trabajo y va al salón para arreglarse el cabello y estar hermosa para la cena, se siente emocionada lleva muchos días sin verlo y quiere impactarlo, usará un hermoso vestido casual color rosa y unos zapatos del mismo color. Y Carlos también se ha arreglado el cabello y esta noche quiere ir vestido de camisa azul y pantalón gris, quiere dar la mejor impresión después de tantos de dias de ausencia.

Ya es hora, Abigaíl está por terminar de vestirse y recibe un mensaje de Carlos:

– buenas noches bella, ¿cómo vas? –

– hola buenas noches, estaré lista en unos 10 minutos –

– de acuerdo, entonces voy saliendo a buscarte, te aviso al llegar –

Abigaíl, se termina de arreglar y mientras espera piensa en lo mucho que este hombre le gusta y cuanto desea llegar a tener algo formal con él, donde pueda tener una relación con planes de hacer una familia. Pero ya veremos cómo se dan las cosas.

Suena el teléfono de nuevo, es Carlos avisando que llegó, así que Abigaíl baja a su encuentro.

– hola, ¿cómo estás? ¿Cómo te sientes? – pregunta Abigaíl

– ahora estoy muy bien, estás realmente bella esta noche y tu aroma es indescriptible, es tan dulce, de veras, me encanta. ¿Y tú cómo te sientes?

– gracias por el cumplido. Me siento muy bien –

Ambos están nerviosos y cada uno con sus expectativas y a la vez emocionados, porque tenían días sin verse y ya saben esto va comenzando, así que todas las hormonas están nuevas.

– cuéntame, ¿cómo estuvo tu viaje y el trabajo? – pregunta Abigaíl

– gracias a Dios, todo salió a pedir de boca, el negocio se dio sin problemas tal cual como lo esperaba y tuve algunos días para distraerme un poco y visitar a mi familia, al llegar al sitio te muestro algunas fotos –

– eso me da gusto, que bueno que todo saliera como lo planeaste –

– gracias bella. ¿Y tú que hiciste en estos días, cómo va el trabajo y la universidad?

– te cuento que ya tengo mi propio programa, comenzaremos a trabajar en eso el siguiente mes, eso me trae muy contenta, he trabajado para esto y ya se dio –

– ¡oye! Mis felicitaciones por eso, entonces hoy tenemos motivo para brindar– dice Carlos dibujando una gran sonrisa en rostro. Y logrando sacarle una sonrisa a Abigaíl.

Pequeñeces

Llegan al sitio y se estacionan, se bajan y Carlos camina adelante, dejando a Abigaíl rezagada, cosa que no es de su agrado y así que ella se detiene y lo deja avanzar, al llegar a la puerta, él se ha dado cuenta que ella no está a su lado y voltea para buscarla y la ve parada, entonces se devuelve y le pregunta:

– ¿pasa algo? ¿Por qué no caminas? –

– porque parece que vienes solo, me has dejado atrás, sola y ya –

Él se disculpa y avanzan juntos. Aunque parezca una tontería, o una pequeñez, es otra bandera roja, que deja un aviso que se traduce a machismo o desigualdad. Pero como es algo prácticamente insignificante, ella lo ha dejado pasar. Pero tengan siempre en cuenta, que por lo pequeño se comienza. Sin embargo todo puede mejorar.

Entran al restaurant y Carlos se encuentra un grupo de amigos que están compartiendo, así que pasan a la mesa a saludar y él la presenta al grupo cordialmente. Todos se saludan y ellos se retiran a su mesa.

El lugar es muy agradable, buena música, buena atención y buena compañía. Charlan un rato y comparten sobre el viaje de Carlos, él le muestra fotos y le va dando un paseo digital de su recorrido y le explica un poco sobre ese negocio en particular, que le trajo buenos dividendos.

Abigaíl, lo escucha con atención y se percata de que Carlos quiere impresionarla, cuando comienza a hablar de números y cifras, pero en realidad ella también tienes sus negocios, que aunque aún no han alcanzado un nivel como los de Carlos, le deja también buenos intereses y le permite tener una vida holgada, cubriendo sus necesidades y permitiéndole satisfacer sus gustos, así que Carlos, no está usando el anzuelo correcto.

Si bien es claro que las finanzas son un tema importante en una relación de pareja, no es el punto focal cuando se habla con personas independientes. Y en este caso Abigaíl, no está buscando un hombre que pague sus cuentas, está buscando un compañero, que le sume a su vida obviamente, pero no que se la compre.

Mientras comen, el celular de Carlos no para de sonar, él no contesta todas la llamadas, pero refiere que son negocios, al parecer, no tiene un horario de trabajo establecido, porque ya pasan de las 9:00 pm y él aún "sigue trabajando", pero a pesar de las interrupciones, la noche ha sido agradable y se la han pasado muy bien. Entre vinos, fotos y anécdotas de ambos.

Ya finalizando la velada, él agrega como siempre un cumplido para cerrar con broche de oro, toma su mano y le dice:

– me agradó escucharte por teléfono, todos esos días que estuve lejos. Pero me gusta más esto, poder verte y tocarte. – esto sin dudas la ha sonrojado y le ha sacado una tímida sonrisa.

– para mí también fue agradable estar comunicada contigo aún en la distancia y por supuesto nada supera esto, muchas gracias por la invitación –

– un placer para mí, poder estar aquí contigo, espero podamos hacerlo más seguido – y ella con una dulce sonrisa, le agradece el cumplido.

Se levantan, para retirarse y esta vez Carlos la espera y caminan juntos, esto demuestra cómo hay banderas rojas (comportamientos) que pueden modificarse. Al subir al carro, él se acerca para darle un beso y ella le corresponde. Y nuevamente hace su cumplido estrella de la noche, mientras acaricia su mejilla y la mira a los ojos diciendo:

– me gustas mucho y me siento muy bien con tu compañía, quiero verte mañana si es posible –

– ¡sí! Me encantaría –

– mañana nos escribimos y tomamos un café, donde tú gustes

– me parece muy bien – y él vuelve de nuevo a su boca para besarla suavemente.

La lleva a casa y se despiden, ella suspira y al llegar a su cama se derrite enamorada de Carlos, de sus besos, de sus ojos, realmente le encanta, está enamorada de él. Y Carlos de camino a casa piensa, que esa chica le está gustando más de lo que esperaba, pero se siente realmente cómodo con eso.

Se ven varias veces y cada día disfrutan más el uno del otro.

Cuatro meses después

Uno de los negocios de Carlos, es el vino y para esta semana hará una cata para los mejores clientes y definitivamente desea que Abigaíl lo acompañe esa noche. Así que decide llamarla para hacerle una invitación, un poco más formal, ya que por primera vez lo acompañará a un evento de negocios y esto es algo que es realmente importante para él. Entonces le marca.

– ¡sí! Buenas tardes, ¿cómo estás cariño? – ella responde

– excelente preciosa, ¿y tú como te encuentras? –

– estoy muy bien, dime –

– hoy te estoy llamando, para hacerte una invitación especial. Este fin de semana, daré una cata de vino para mis mejores clientes, porque estaré presentando un nuevo producto y me encantaría que me acompañes esa noche –

– me encantaría la verdad, ¿qué día será? –

– este sábado a las 8:00 pm en el hotel Atlanta, ¿aceptas ser mi acompañante esa noche? –

– ¡sí! Acepto encantada – y en su diálogo interno, grita de emoción. Ella se derrite por ese hombre y él no se queda atrás, ella lo ha cautivado.

– gracias por aceptar mi invitación, espero verte hoy –

– hoy no podré, al salir del trabajo, debo estudiar un poco, mañana tengo la presentación definitiva de mi proyecto para definir pautas y quiero que salga todo excelente y dar todo en ese nuevo reto –

– lo entiendo perfectamente, pero me hubiese gustado muchísimo verte, te deseo éxitos, cuídate besos –

– igual para ti, hablamos luego, un abrazo –

Los dos están en plena fase de enamoramiento, esa que hace ver al otro perfecto, sin ningún detalle, aquí suspiros van y vienen y casi que sueñan estando despiertos. Así que al finalizar la tarde, él vuelve a hacerle una llamada, porque quiere verla, a pesar de que ella le dijo que estaría ocupada, pero su intención es solo darle un beso antes de regresar a casa. Espera la hora del fin de la jornada y la llama

– buenas tardes linda, ¿cómo estás? Disculpa que te llame de nuevo, ya sé que estarás ocupada hoy, pero solo quiero darte un beso antes de irme a casa, ¿me lo permites? –

Esto la derrite y hace que su corazón se acelere, sin dudas, este chico la trae enamorada.

– me encantaría –

– entonces sal que estoy en la entrada –

El corazón de Abigaíl, late a mil por horas, está sonrojada y muy emocionada, pero por supuesto siempre sobria responde:

– claro ya salgo –

Y ahí está su príncipe verde, porque a ella no le gusta el color azul y este hombre le encanta y además de hermoso, es un caballero detallista, la espera con una rosa en la mano y una espléndida sonrisa. Cuando están cerca, él extiende su mano con la rosa y le dice:

– no quería cerrar este día sin verte –

Así que ella se lanza sobre él, con un enorme abrazo efusivo y un gran beso.

– muchas gracias, me encantan las rosas, está bellísima –

– no tanto como tú – ya saben, no pueden faltar sus célebres frases, esas que traen a Abigaíl babeando por él y a él comprando rosas para verla sonreír.

– quería verte antes de irme a casa –

– gracias por venir, me he quedado sorprendida –

– cuídate, nos vemos mañana – le da un beso de despedida y ella le responde con un abrazo. Ya se imaginaran como están ese par de tortolos en las nubes.

Una relación de pareja, es como iniciar un viaje, debe tener fijado el destino, saber si vamos a la montaña, a la playa, si será en avión, por carretera o en barco, para saber que llevar en la maleta y esto es algo que se debe hablar antes de emprender vuelo, porque si no van al mismo destino, ¿qué sentido tiene hacer el viaje?

María Fernanda Prieto

ESCENA III

El gran día

Todo salió muy bien para ambos durante la semana y ha llegado el sábado, hoy por primera vez, tendrán una salida especial y Carlos tiene muchísimas expectativas con este evento y además está emocionado porque Abigaíl, lo acompañará en ese momento especial.

Llegada la noche, él envía un chofer a buscarla, porque debe estar en el lugar con mucha antelación y dejar todo listo para que todo quede como él lo desea. Los invitados comienzan a llegar y todos lo felicitan por su nuevo logro, se siente estupendo. Ya faltan pocos minutos para dar apertura al evento y Abigaíl, hace su entrada. Está inexplicablemente hermosa, con un vestido color rosa pálida que realza su hermosa figura y el suave color de su piel, luciendo un intenso labial rojo que hace llamativos sus labios, Carlos se queda impresionado con su belleza y se acerca hasta ella para recibirla y darle una bienvenida especial, toma su mano y al oído le susurra:

– estás divinamente hermosa, no tengo palabras que puedan describirte –

– muchísimas gracias, tú también lo estás, gracias por la invitación – responde ella, esbozando una sonrisa que ilumina su rostro.

– vamos a la mesa, quiero presentarte a mi familia y a mi socio –

Ella lo toma del brazo y camina a su lado hasta a la mesa donde se encuentra su familia, algo que la pone un poco nerviosa, solo ha escuchado hablar de ellos y esto la intimida un poco. Al llegar su socio se levanta y extiende su mano hacia ella y con una sonrisa le dice:

– debes ser Abigaíl sin duda, definitivamente Carlos lo dijo bien "para saber lo hermosa que es debes conocerla". Un placer José Leonardo – Extiende su mano hacia ella.

– el placer es mío, gracias por el elogio – seguidamente la presenta con su mamá, y hermanas y cada uno extiende su mano y se presenta, dándole la bienvenida a la mesa para compartir con ella.

Ella se siente emocionada y a la vez un poco presionada, es la familia de Carlos, y espera que todo salga excelente, dar una buena impresión. Pero se desenvuelve muy bien y conversa cosas triviales con todos, se siente cómoda y Carlos sabe bien como adentrarla en el contexto.

Un hombre se levanta y toma el micrófono y sin más preámbulo hace la apertura oficial del evento, llamando a Carlos y a José Leonardo al escenario para propiciar el brindis. Carlos, la besa en la mejilla y le dice:

– ya regreso, estás en excelentes manos –

– éxitos, disfruta tu noche – le devuelve el beso y él se levanta, todos se colocan de pie mientras escuchan las palabras que ha iniciado José Leonardo diciendo:

– los que me conocen saben que soy de poco hablar y esta noche no será la excepción y sonríe agregando: la vida no me dio hermanos, pero me dio un amigo incondicional, al que he elegido como mi socio y hoy hemos emprendido juntos un camino, que sé que está destinado al éxito, ¡salud por La Toscana! una serie de vinos, que harán diferentes cada momento de nuestras vidas, gracias Carlos por acompañarme. – Todos aplauden y chocan sus copas mientras Carlos se acerca al micrófono, con una hermosa sonrisa que dibuja su rostro y dice:

– más que un amigo un hermano de vida y un ejemplo a seguir, es un honor para mí caminar de la mano contigo en este proyecto, que como bien lo dijiste, está destinado al éxito, ¡salud! – todos aplauden de nuevo y prueban la primera copa de vino que les ofrece La Toscana para esta noche. Y Carlos, vuelve al micrófono para agregar:

– hoy quiero presentarles a una persona, que desde hace unos meses ha estado presente en mi vida y la ha cambiado, sin ni quiera darse cuenta, pero sencillamente, me siento pleno a su lado, quiero que suba al escenario Abigaíl Molero –

¿Para qué decirles que el corazón de Abigaíl, ya salió y volvió a entrar a su pecho? Ya saben cómo es de nerviosa esta niña y bueno no es para menos, creo que cualquiera perdería el color en la piel con semejante llamado. Ella se levanta con la respiración entrecortada y con una sonrisa nerviosa, mientras él se acerca para tender su mano y alcanzarla para ayudarla a subir y cuando están juntos la mira y frente a todos le dice:

– en ti, he conseguido todo lo que buscaba y quiero que sigas acompañándome en cada paso que doy, por eso hoy delante de mi familia y amigos, quiero pedirte que formalmente seas mi novia y saca una pequeña caja de su bolsillo y cuando ella lo abre es una hermoso collar con sus iniciales grabadas –

Ella está muy emocionada, de verdad jamás se esperó esto, sus manos tiemblan y su voz se quiebra, mientras lo mira a los ojos y dice:

– ¡sí! Si quiero ser tu novia –

Él le coloca el collar alrededor su cuello y ella se voltea para abrazarlo, la gente aplaude, es casi un sueño. Bajan y regresan a la mesa, todos los felicitan y brindan de nuevo con ellos. Se abrazan y él la invita a bailar, de verdad es un momento mágico y así transcurre la noche, todo es perfecto, pero aquí tenemos otra bandera roja. Lo que se denomina Love Bombing, que es un bombardeo de amor desmesurado al comienzo de la relación, que ejerce la persona con Trastorno Narcisista de la Personalidad (TNP) para atraer a su pareja de manera segura, sin la intención de profundizar en su ser interior algo más. Lo hacen por ellos, para nutrirse de su amor, no para nutrir a su pareja con el de ellos. Cuando lastiman o no consiguen lo que buscan, retiran las muestras de amor, como manera de castigo.

El trastorno de personalidad narcisista es más frecuente en los hombres. La causa no se conoce con exactitud, pero puede implicar una combinación de factores genéticos y ambientales. Los síntomas incluyen una necesidad excesiva de recibir admiración, indiferencia con respecto a los sentimientos de los otros, intolerancia a la crítica y sentimiento de que los demás le deben algo. El trastorno debe ser diagnosticado por un profesional. El tratamiento consiste en la terapia conversacional.

No es tan simple identificar un bombardeo amoroso, ya que a todos nos gusta recibir elogios y eso lo relacionamos directamente con el amor verdadero y Abigaíl, no lo ha notado aun, así que continúa la noche bailando y disfrutando, de esa hermosa fantasía. Él la presenta con su familia, con sus amigos y socios de negocios, realmente es un sueño y algo que ella nunca se imaginó, se siente en un cuento de hadas y ella es la princesa, ésta es su velada mágica.

La cata de vinos ha sido maravillosa, se escuchan excelentes comentarios y los invitados realmente lo están disfrutando, sobre todo los potenciales clientes de Carlos y José Leonardo y esto los trae de muy buen humor.

Algunos invitados se acercan para despedirse y dar gracias por la velada, felicitándolos a ambos por tan excelente producto y dejando dicho que esperan verlos pronto en el mercado, para poder compartir con su familia en ocasiones especiales.

Carlos, está realmente satisfecho con el resultado obtenido del evento y le pide a Abigaíl, que lo acompañe esa noche, pero la toma por sorpresa y no sabe qué decir, él nota su incomodidad y solo coloca su dedo sobre su boca y le dice al oído:

– no digas nada, solo quédate– pero ella realmente no está preparada y su corazón se acelera y de su boca no sale ni una sola palabra.

José Leonardo se acerca y ella lo agradece enormemente, porque no sabía cómo reaccionar.

– ¡Abigaíl, mis felicitaciones, haz cautivado el corazón de este potro salvaje e indomable, ya eres parte de la familia!—se acerca y la abraza, esta frase la hace sentirse en cierta forma una ganadora, pero ella aún no sabe cuál es premio.

– ¡gracias!—dice Abigaíl, ofreciendo una sonrisa con gesto de agrado

– yo me retiro satisfecho y exitoso por nuestro nuevo negocio hermano – dice José Leonardo a Carlos extendiendo su mano y acercándolo para darle un gran abrazo, que es la más pura muestra de satisfacción. Carlos asiente y le corresponde el gesto con una palmada en la espalda. Cuando José Leonardo se retira, él se vuelve a ella y le dice:

– subamos a la habitación estoy algo cansado – y la toma de la mano, pero ella lo detiene y le dice:

– yo quiero irme a casa– y esto no es de su agrado y se acerca de nuevo a ella y le acaricia la mejilla diciéndole:

– nena, no quiero que estés lejos de mí, esta noche ha sido perfecta pero agotadora y si tú no la cierras conmigo, nada de esto habrá valido el más mínimo esfuerzo, tal vez no lo notaste, pero no solo fue una cata de vinos, también fue nuestra noche – le da un beso suave en sus labios y le sonríe mirándola a los ojos y le pregunta: – ¿puedes acompañarme y así descansar juntos? Por favor –

Otra banderilla ¿Han notado el nivel de manipulación y la sutileza que tiene este chico para conseguir lo que quiere? Además, ¿así quién puede resistirse? No la tiene fácil Abigaíl, la verdad que no es tan simple.

– me parece bien – le dice mirándolo a los ojos, mientras traga grueso, sintiendo el corazón en la garganta. La toma de la mano y se acerca a la mesa de la familia para despedirse, agradeciendo su presencia y reiterando que ha sido un inmenso placer.

En lo más intimo

Llegan a la habitación y Carlos, la toma de las manos, la pega a su cuerpo, toma su cara y mirándola a los ojos le dice:

– hoy me siento el hombre más dichoso del planeta, y te lo debo a ti, tengo la novia más hermosa de todas – la envuelve en sus brazos por la cintura, la levanta y la besa apasionadamente. Abigaíl, solo piensa que ha encontrado al amor de su vida y que está realmente enamorada. Se sientan en la cama y ella lo mira toma su mano y le dice:

– quiero felicitarte, porque por primera vez te veo haciendo lo que te apasiona y vi tu dedicación y además el resultado de tu esfuerzo, lo hiciste genial mi amor, me sorprendiste con esta petición, no lo esperaba– se lanza sobre él con un gran abrazo y besos.

– haría lo que fuese necesario para verte sonreír... ahora voy a darme un baño, estoy cansado–

– me parece excelente, luego voy yo–

– ¿por qué no lo hacemos juntos?–ella solo lo mira y hace silencio por un momento y baja la cara y con su cabeza inclinada le dice:

– no me siento preparada para esto Carlos, no lo planee, ni lo esperé, de verdad, es un poco incómodo para mí –

Él se sienta en la cama y toma sus manos y le dice:

– tranquila, no debemos tener sexo hoy si no quieres–

– lo siento de verdad, si te incomoda puedo irme–

– claro que no tonta, quiero que me acompañes esta noche, lo demás no tiene que pasar ahora mismo–

Ella se siente aliviada y comprendida, él la besa y entra al baño a ducharse y ella lo espera en la cama, pero se queda dormida. Al salir del baño la ve tendida en la cama, se pone el pijama y se acuesta a su lado, ella se despierta al sentirlo y le dice:

— ya no quiero bañarme, tengo mucho sueño—él sonríe y le dice:

— lo he notado, vamos a dormirnos, ven cámbiate esa ropa, ponte mi suéter y metete aquí a mi lado—

Ella se levanta al baño y se cambia rápidamente, se mete bajo las sabanas entre sus brazos y en unos minutos ambos quedan dormidos, ha sido un día largo y necesitan descansar.

Al amanecer, Carlos la despierta con un beso y le dice que se vistan para bajar a desayunar y llevarla a casa, tiene trabajo y puede verla en la tarde, él ha pedido un vestido de su talla apropiado para la mañana, ella lo mira y sonríe, y se acerca para darle un beso. Se va al baño para ducharse y vestirse, mientras él termina de vestirse en la habitación, al salir vestida, él la admira como siempre y le dice:

—eres hermosa, haces que todo luzca bien, vamos— le da un beso y la toma de la mano y juntos salen de la habitación.

Llegan al lobby y ahí está José Leonardo esperándolos, los saluda dando los buenos días y recordándole a Carlos que la reunión es en hora y media y Carlos solo le dice:

— relájate un poco, comamos algo y luego comenzamos el día –

Mientras desayunan, hablan brevemente de las llamadas que han recibido en lo que va de mañana y lo exitoso que será el nuevo negocio, están realmente emocionados, este nuevo proyecto promete. Terminan de desayunar y él se despide de Abigaíl enviándola a casa, para continuar con su rutina. La lleva hasta el carro y le da un gran abrazo y un beso de despedida y le dice:

— te veo esta noche a las 8:00, para ir a cenar—

– me parece bien, porque quiero preguntarte algo importante para mí –

– dime de una vez–

– no, porque es una conversación un poco larga y ahora mismo, no tienes la cabeza para pensar en eso. Lo hablamos en la cena–

–de acuerdo, me parece bien. Te llamo luego – y le da un beso.

Llega a casa y le han preguntado cómo le fue y ella les dice que muy bien, que todo estuvo muy elegante, mucha gente, buenos vinos y buena música, pero no les ha dado más detalle, es que ellos no conocen a Carlos y de eso deben hablar en la noche, porque ella también quiere decírselo a su familia. Va a su habitación y extasiada aun con cada recuerdo de esa noche, se acuesta en su cama y cierra los ojos, para revivir cada minuto y se queda dormida.

La conversación incógnita

Son las 8:00 pm y Carlos puntualmente avisa que está abajo y Abigaíl va a su encuentro para ir a cenar como acordaron. Al subirse al auto, lo mira y está muy guapo y por supuesto no duda en decírselo

— estás muy guapo y arreglado, me gusta cómo te queda el color rojo y tu perfume me encanta —

Carlos sonríe y la besa como gesto de agradecimiento, pero lanza un halago, de esos que la derriten y mientras le habla, pasa su mano a la parte posterior del asiento y toma 3 rosas rojas, que ya saben cuánto le gustan a ella y le dice:

— hermosa estás tú, toda tú, tus labios, tu mirada, tu piel— la besa de nuevo y le entrega las rosas

Díganme ¿quién puede resistirse a tanto? Este hombre es el ideal de todas, es hermoso, atento, amable, inteligente, un hombre de negocios, sexy y además es romántico, cualquiera sucumbiría a sus encantos, sin pensarlo.

Ella toma las rosas y sonríe dándole las gracias, por supuesto con ese destello en los ojos que la delata como enamorada y él no se queda atrás, ambos están encantados en un idilio de amor.

Llegan al sitio, es un lugar nuevo de la cuidad y es muy agradable. Muy elegante, buena música y ya ofrecen el vino de Carlos, eso es emocionante para ambos. Sonríen como muestra de satisfacción y se acomodan para la velada. Carlos ha pasado el día pensando en eso que Abigaíl le quiere decir e inmediatamente lo trae a colación, preguntando:

— ¿Qué es eso que quieres que hablemos? — ella respira profundamente, con cierta sensación de nervios, se acomoda en la silla, toma un sorbo de vino y comienza diciendo:

–desde ayer somos novios y eso me agrada muchísimo, en la cata me presentaste con tu familia, muy agradables por cierto – y él la interrumpe para decirle:

–los has dejado cautivados, casi tanto como me tienes a mí, me han dicho que eres hermosa y les ha encantado tu trato–

–muchas gracias por eso, a mí también me parecieron muy agradables todos, y precisamente de eso es quiero hablarte. Ya conocí a tu familia, pero mi familia no te conoce y a mí también me gustaría presentártelos–

Carlos se acomoda de nuevo en la silla, cambiando su posición cruzándose de piernas y de brazos. Banderilla roja, las posturas cruzadas denotan inaccesibilidad o disgusto, lo que significa que lo que Abigaíl, acaba de decirle, no le cuadra mucho que se diga. Pero aun así sus palabras son opuestas a su lenguaje no verbal y termina diciendo:

–creí que aún no estabas preparada ¿Cuándo quieres presentarme con ellos? ¿Quieres que organicemos una comida? No sé tú dime que te gustaría hacer– Ella lo mira pensando que haría más resistencia, ya que nunca habían tocado ese tema, pero de forma espontánea responde sus preguntas:

–me gustaría que fuese este fin de semana, en mi casa, hoy les hablaré sobre ti al regresar y este sábado hacemos un almuerzo y te presento, ¿te parece?–

–si a ti te gusta, a mí me parece perfecto–en ese momento suena el celular de Carlos, es su hijo Eduardo, le ha preguntado donde se encuentra, porque quiere cenar con él y Carlos le ha dicho que llegue al sitio y cene con ellos y en eso han quedado. Eduardo ha llegado pasados unos 20 minutos.

Es un joven un tanto particular y con un humor muy agradable, Abigaíl y él han hecho buena química y a pesar de las pocas veces que se han visto ya se hacen bromas, así que la noche termina de una manera grata. Eduardo se retira diciéndole a Carlos que lo espera en casa, mientras Carlos va a dejar a Abigaíl en su casa. Al llegar, aun el auto, ella lo mira y le agradece la noche y le dice:

—voy a hablarles a todos sobre nosotros y les diré que el sábado haremos un almuerzo, para que te conozcan—

— me parece excelente, que pases buenas noches, te aviso al llegar—y le da un beso.

Al llegar, Susan le ha preguntado cómo le ha ido y ella le cuenta sobre Carlos y le dice que les dirá a sus padres, para que este sábado él venga a casa y puedan conocerlos. Neila se acerca a la sala y le pregunta cómo le ha ido y Abigaíl comienza a contarle:

—mamá, hace unos meses conocí a Carlos, ya hemos conversado y nos hemos visto en varias oportunidades hace unos días me pidió que fuese su novia y acepte y este sábado quiero que lo conozcan, me gustaría hacer un almuerzo y que compartamos un buen rato, ¿qué dices?—

—me parece bien, pero cuéntanos, ¿dónde lo conociste? ¿Qué edad tiene? ¿A qué se dedica? –

—Carlos tiene 45 años, es un hombre de negocios, está divorciado hace unos cinco años y tiene un hijo de 16 años, que ya he conocido y me ha caído muy bien, hoy de hecho nos acompañó a cenar y estuvo muy agradable, espero puedan conocerlo pronto a él también—

—¿Qué haremos el sábado para esperarlo?—

—un almuerzo estaría muy bien, quizás una pasta, es simple y a todos nos gusta—

—estoy de acuerdo, ya siento curiosidad por conocerlo. Dime ¿cómo es, alto, delgado?— Abigaíl, sonríe y le muestra una foto y Neila solo responde:

—es bien guapo el joven, espero sea ese tu chico, ya veremos el sábado—

—de acuerdo, voy a descansar, mañana debo tener al día unas cosas para el trabajo de esta semana, que pasen buenas noches—

—hasta mañana que descanses—

Abigaíl, se cambia y antes de entrar a la ducha, le escribe a Carlos, para saber si ya llegó a casa y él le responde que está por llegar y de inmediato se dará una ducha para descansar, mañana tiene una larga jornada. Ella se despide y le desea buenas noches y él se las envía de vuelta.

Durante la semana se ven un par de veces, ambos han tenido mucho trabajo, pero se están preparando para el sábado, sobre todo Abigaíl, que se siente muy emocionada. Compra y arregla todo para ese día. Ya saben cómo es esa sensación de ansiedad, nervios y felicidad que nos invade ante la novedad y por supuesto a la expectativa de que dirá la familia y él.

Llegó el día

Abigaíl, está súper emocionada, se levanta para preparar todo, y por supuesto recibe el mensaje de buenos días de Carlos:

—buenos días amor ¿cómo amaneciste?—

—excelente ¿y tú amor? Preparando todo para vernos hoy, te espero a la 1:00 pm—

—me parece bien. Haré un par de cosas con José Leonardo y nos vemos para almorzar. Que tengas un excelente día amor—

—igualmente para ti, besos—

Todo está lindo, la comida está deliciosa y Carlos escribe para que le abran, así que ella baja para recibirlo.

—estás hermosa como siempre, traje vino para compartir— y le da un beso y al acercarse le dice: —odio hacer estás cosas, para serte sincero, lo hago porque me lo has pedido, habla tú con ellos— ella no esperaba escuchar eso, pero aun así se siente complacida de que esté ahí, para que todos puedan conocerlo. Y solo responde:

—tal vez es un poquito incomodo, pero es solo un momento, luego entras en confianza y todo es más fluido—él la mira y solo asienta con la cabeza.

Aunque pasa casi desapercibida, esta banderilla roja, viene acompañada de culpabilidad y desagrado, cargándola de una responsabilidad, que realmente debería ser compartida, lo que puede generar cierto malestar, al entender que la otra persona está haciendo algo obligado, porque se le ha pedido y no porque le place hacerlo. Pero si lo recuerdan bien, a Abigaíl ni siquiera se le preguntó, si quería conocer a la familia de Carlos, simplemente sucedió y ya, sin importar como se iba sentir ella. Obviamente escuchar "odio hacer esto" puede ser desmotivador

Al llegar al apartamento, están todos, Abigaíl está realmente emocionada, y él parece estar un poco incómodo, pero hace su mejor esfuerzo y hace un saludo general de buenas tardes y esboza una leve sonrisa, por lo que Abigaíl toma el control de la situación y corta la tensión diciendo:

—Carlos, bienvenido a mi casa, te presento a mis padres, ella es mi mamá Neila, mi papá Marcos, mi hermano Marcos y ella es mi hermana Susan— Él se acerca a cada uno y estrecha sus manos con gesto de placer y cada uno le sonríe dándole la bienvenida. Él les da las gracias y agrega:

—el placer es realmente mío, gracias por la invitación, traje vino para acompañar la comida—

Abigaíl, se siente un poco sacada de onda, no esperaba esta actitud tan evasiva de Carlos y mientras todos van a la cocina, él la aborda de nuevo en la sala para decirle:

—muy bonito todo de verdad gracias, pero si yo no voy a decir nada, si tú quieres decirle que somos novios, lo haces tú, que fuiste quien tuvo esta brillante idea— Ella ni siquiera sabe que responder, se siente terriblemente mal y solo quiere salir corriendo.

—no entiendo tu actitud, si te pareció tan bien la idea, ¿por qué ahora actúas así, no lo comprendo?—

—tú querías que conociera a tu familia y aquí estoy, pero hasta ahí, lo demás lo haces tú—

—está bien, no te preocupes, espérame aquí voy a la cocina— Esta sí pudieron notarla, esta bandera roja, es como una espada de doble filo, que evidentemente trae consigo la clara intención de lastimar y ceder la culpa a la otra persona, con la intención de manipular toda la situación, colocándose como víctima y convirtiéndola en victimaria de algo que ni siquiera está mal. Pero ya saben, Abigaíl aún ve color de rosa, así que continuemos a ver qué sucede.

A Abigaíl le toca maniobrar, para que en su cara no se note su malestar y lo hace muy bien, le pide a Marcos Junior, que vaya a llevarle vino a Carlos y lo acompañe un rato en la sala, mientras ella termina de servir la comida.

Todo está listo, así que se acerca al estar y con una sonrisa que esconde un corazón golpeado, le dice a Carlos que puede pasar al comedor con todos y él y Junior se levantan y se acercan.

Ya sentados y sin poder hacer otra cosa, Abigaíl toma la palabra y dice:

—Mamá, papá, hoy invité a Carlos, porque hace unos días somos novios y por supuesto quiero que lo conozcan y sepan que estamos en una relación. Tenemos pocos meses saliendo y esperé hasta este momento para compartirlo con ustedes— Carlos, no dice nada y se hace un silencio bastante incómodo, todos pueden sentirlo y eso hace que Abigaíl se sienta terrible y no logra entender que sucede, a que se debe esa actuación, si siempre ha sido tan esplendido.

Sin pensarlo, Neila se dirige a él y amablemente le da de nuevo la bienvenida y le dice que espera que puedan conocerse, para definir la relación, porque ella sabe que todo está muy reciente y faltan muchas cosas por compartir. Él solo da las gracias y se pone a la orden para servirles. En serio, Abigaíl quiere salir corriendo, su corazón está partido, pero nada que una frase de Carlos no pueda reparar.

Todos comen y los comentarios comienzan a girar en torno a la comida y la tensión ha bajado un poco, entonces Neila aprovecha para conversar con Carlos preguntándole:

—Carlos cuéntanos ¿a qué te dedicas?—

—Soy empresario, actualmente estoy incursionando en el negocio de los vinos, el fin de semana pasado ofrecimos una cata que fue todo un éxito, tuve el inmenso placer de contar con la presencia de Abigaíl y que pudiera verme haciendo lo que me gusta— esa pequeña frase ya le ha robado una sonrisa a ella y ha limado un poco la aspereza que se había hecho con el desaire al inicio de la velada. Y entonces ella se cuela en la conversación aprovechando la fluidez y dice:

—ese día me pidió que fuese su novia, de una forma un tanto particular, porque fue en público, pero todo salió bien, además, en ese mismo momento conocí a su familia, muy agradables todos—

—qué bueno eso— Agrega Neila,— eso es muy importante y es un bonito detalle—

—sí que lo es, por eso hoy quise hacer lo mismo y es el motivo de esta reunión— Agrega Abigaíl.

—de nuevo gracias— Dice Carlos y Marcos lo aborda preguntando:

—¿tienes hijos?—

—sí, tengo un hijo Eduardo, ya casi es un adulto, tiene 16 años, ya él y Abigaíl se conocieron y por lo que veo se la llevan muy bien—

—sí, la verdad Eduardo es muy agradable y siempre me hace bromas—

De nuevo la conversación fluye y esto es liberador para Abigaíl, quien hace un respiro. Neila se levanta y les dice voy por el postre Abigaíl ayúdame por favor. Y en la cocina la aborda, haciendo de nuevo cortante el momento y le pregunta:

—¿en serio él solo dirá gracias por la invitación? Es muy guapo y todo, pero no me parece su actitud—

—mamá, es que debe ser que por su edad ya él piensa que no está para estas cosas—

—¿cuáles cosas? ¿Conocer a la familia de su novia? Si eso no tiene edad por favor—Esto hace que de nuevo Abigaíl se sienta mal.

—pero bueno mamá, vino que es lo importante y ya lo conocieron—

—no lo conocemos, solo lo estamos viendo, que no es lo mismo. Pero tú eres grande, solo te lo digo que lo observes con atención.

Se acercan a la mesa con el postre. Y Susan no evita decir lo delicioso que se ve y Carlos pregunta:

—¿quién lo preparó?—

—yo amor, yo preparé todo hoy—

—seguro quedó tan bueno como la comida, ¡felicitaciones todo te quedó exquisito!— Neila la mira sacada de lugar y se pregunta así misma ¿de dónde salió ese halago? Si estaba tan apático, mientras Abigaíl le sonríe dándole las gracias. Finalmente Carlos se despide, porque debe continuar trabajando:

—les agradezco la atención, para mí ha sido un inmenso placer haberlos acompañado hoy, espero volver a verlos pronto y en esa oportunidad ser yo el anfitrión—Abigaíl extiende una satisfactoria sonrisa en su rostro y Neila se desconcierta un poco. Lo acompañan hasta la puerta y Abigaíl baja para despedirlo.

¿Lograron darse cuenta de que él en ningún momento, fue alusivo al propósito de su presencia en esa casa y que no mencionó nada sobre su relación con ella? ¿Qué prácticamente fue como un amigo más y punto? Una bandera roja que de seguro suavizará con un cumplido y una recompensa.

—todo quedó delicioso, tienes unas manos increíbles amor y todos son muy agradables, me encantó tu mamá— Toma sus manos, las besa y ella sonríe y lo besa. Y él agrega —pero esto no va a ser muy frecuente, no es muy cómodo para mí, ya te complací por hoy, pero no me pidas tanto, te veo mañana — La besa y sin dejarla hablar se despide y se va. Y es así como le da una recompensa y se la retira de inmediato para confirmarle que lo que ella ha hecho estuvo mal.

¿Imaginan cómo se siente Abigaíl? Triste y confundida, porque él siempre ha sido muy atento y amable y hoy no comprende que le ha sucedido. Y ahora le esperan los comentarios de la familia, que por supuesto se dieron cuenta, que el aire se podía cortar con una tijera.

Si la pareja se construye entre dos, las metas, los retos y las expectativas de ambos deben tener la misma importancia. ¿O solo vas a brindar apoyo, sin recibirlo de vuelta?

———————

María Fernanda Prieto

ESCENA IV

Todo vuelve a la normalidad

Neila solo tiene algo que decirle:

–tómate tu tiempo para conocerlo, parece ser un buen chico, pero me da la impresión de que no quiere compromisos ahora mismo– La experiencia no se tiene en vano y eso que Neila no estuvo presente cuando él dijo claramente no querer una relación para establecer un compromiso.

–mamá, Carlos es un buen hombre y lo estoy conociendo–

–solo lo digo, porque lo noté muy cerrado, de hecho no habló absolutamente nada, fuiste tú quien lo dijo todo y eso le correspondía a él–

–pero vino que es lo importante, sacó tiempo de su agenda para venir–

–te repito, parece buen chico, pero no creo que quiera un compromiso en este momento de su vida, conócelo–

–está bien mamá–

Llega el lunes y vuelve la rutina. Carlos la llama para decirle que por la noche saldrá de viaje de negocios y que le gustaría almorzar con ella y por supuesto ella encantada acepta y lo espera en la oficina.

Le escribe que ha llegado y ella sale a su encuentro, en esta oportunidad le ha traído unos deliciosos chocolates, de sus favoritos, la besa suavemente y le dice:

–te extrañé– y esto hace que toda la tristeza que ella pudiera estar sintiendo se esfume así como si nada, como por arte de magia.

De camino al lugar, él le comenta que saldrá de viaje junto a José Leonardo a Costa Rica, porque el fin de semana ofrecerán una cata para exhibir el producto allá y entrar en el mercado, así que durante esa semana estará ocupado con trabajo.

A ella, le parece estupendo y lo felicita de nuevo por eso, deseándole todo el éxito para ese evento. Al llegar al sitio, él le hace una propuesta, le pide que deje su trabajo, para que trabaje con él y ella automáticamente le dice:

—no, gracias, estoy bien con mi trabajo y con mis planes, igual puedo ayudarte en lo que gustes, pero mi trabajo me encanta y estoy por lograr metas propuestas. De igual forma agradecida con tu propuesta—

—no es una propuesta como tal, es más bien una petición, quiero que me acompañes a todas partes y con tu trabajo eso no es posible, por favor piénsalo—y cierra su petición con un beso.

De verdad que Carlos es el rey de la manipulación, ¿notan como hace que todo parezca hermoso? Sabe cómo mover las piezas para poner el juego a su favor. ¿A quién no le gustaría viajar por el mundo con su príncipe verde? Espero que Abigaíl lo piense muy detenidamente, ¿Saben por qué? Porque aunque parece de ensueños, esto de andar de la mano de esa persona amada y no tener independencia económica, es el primer paso a la dependencia emocional, es decir, que si necesitas de esa persona para sobrevivir, le has cedido mucho poder en tu vida.

Pasar de querer estar a su lado, a necesitar estar a su lado, son cosas muy diferentes y es que la necesidad te obliga a permanecer pese a cualquier cosa. Pero confiemos en que Abigaíl, sea lo suficientemente inteligente como para mantenerse en su posición.

Ya es hora de que Abigaíl regrese al trabajo, él la lleva y se despide con un gran beso, de esos que la dejan flotando en una nube rosada y la hacen suspirar, esos mismos que hacen que no le vea defecto alguno. La mira y le dice:

—me harás demasiada falta, no me he ido y ya quiero regresar solo para verte—

—igualmente tú y deseo que todo te salga muy bien. Cuídate mucho, hablamos cuando puedas— Se abrazan y se despiden.

Buscando una opinión

Al finalizar la jornada Abigaíl decide ir a ver a Lay, para contarle como van las cosas con Carlos, a ver qué opinión tiene ella, se citan en un café y Abigaíl, le cuenta que ya son novios, que la presentó con su familia y todos son muy agradables, pero que quiso hacer lo mismo con él y su familia y le hizo un desplante. Y Lay pregunta:

—¿pero que hizo, si él está tan entusiasmado?—

—justo al llegar al apartamento me dijo, que él odiaba hacer ese tipo de cosas y que solo lo hacía porque yo se lo había pedido y de hecho no dijo ni una sola palabra con respecto a nosotros y eso me hizo sentir un poco mal y obviamente todos lo notaron, yo tuve que hablar y se vio terrible, porque ni aun hablando yo, él fue participe de la conversación de manera activa y realmente eso era lo que esperaba, que él en cierta forma dijera que me pretende y nos estamos conociendo, pero no lo hizo—

—claro comprendo, es un poco desconcertante la verdad, no sabría que decirte, yo lo conozco como un hombre responsable y de respeto, pero la verdad no imaginé que actuaría de esa manera y menos con lo que le ha hablado a Armando sobre ti. Le ha dicho que está enamorado y quiere todo contigo—

—él me lo ha dicho y casi siempre lo demuestra, pero repentinamente, hace lo contrario cuando menos lo espero. Hoy me pidió que deje de trabajar, para trabajar con él, pero a mí me suena a trabajar para él y realmente no es mi plan, tu sabes que ya estoy por tener mi propio espacio al aire para el programa que siempre he querido y no veo bien que deje eso a un lado, que es mío, por ir tras el sueño de otro—

—en eso tienes razón amiga, pero piénsalo él puede darte una vida tranquila—

—no lo sé, no creo que quiera trabajar para él. Además yo también deseo darme una vida tranquila—

—eso es muy cierto. De todas formas revisa los pros y contras y en base a eso toma tu decisión—

En ocasiones, no escuchamos nuestro instinto y salimos a buscar opiniones, que terminan siendo subjetivas y basadas en la propia experiencia de cada persona, en su forma de vida y los resultados que han obtenido. Pero nuestros instintos, casi siempre aciertan, así que cuando hagan ruido, debemos detenernos y escucharlos. En este caso Abigaíl, se siente más segura con ingresos propios, que bajo los de Carlos.

Meses después

Ya Abigaíl, ha comenzado con su programa soñado y ha sido todo un éxito, más de lo que ella esperaba. Carlos se alegra y se siente realmente orgulloso de ella, se lo dice cada vez que puede y lo comparte con sus amigos y familia.

Esa noche Carlos va a casa de Abigaíl y ella tiene una invitación para él, este viernes el canal dará un evento para promocionar los nuevos programas y revisar las estadísticas de ranquin, lo que por su puesto es un momento especial para ella y le gustaría que él la acompañe. Pero a Carlos no le ha parecido mucho la idea, solo le dice:

—sabes que esas cosas no me gustan mucho—

—no entiendo amor, ¿cómo que no te gusta, si prácticamente vives en un evento?—

—pero es diferente, son mis eventos y es de carácter obligatorio que yo esté presente, a diferencia de este, quien debe estar eres tú—

—es obvio que no es obligatorio, pero me gustaría que me acompañes—

—de verdad no quiero decirte que no, pero no quiero asumir un compromiso con desgano, entiéndeme por favor. Además, ese sábado José Leonardo estará de cumple y quiero que vayas conmigo, dará una buena fiesta y así bailamos un rato, te vas hermosa como siempre, quiero presentarte con otros amigos—

—¿te das cuenta de lo que estás haciendo? No quieres acompañarme a mi evento y quieres que yo te acompañe al tuyo—

—pero amor, son diferentes, porque tu evento es de trabajo y el de José es de placer, es para festejar, ¿si me comprendes?—

—claro que comprendo, solo que si te estoy invitando es porque quiero que me acompañes—

—hagamos un trato, no voy a este porque quiero estar en condiciones para el cumpleaños de José Leonardo y voy al siguiente. ¿te parece?—

—no estoy muy de acuerdo, pero no puedo obligarte—

—amor, es tu día disfrútalo tú—

Obviamente aquí tenemos una bandera roja, es evidente que ella no tiene el primer lugar en su lista de prioridades, posiblemente ni siquiera tenga el segundo, pero ella no se ha percatado de que eso es así y él, paso a paso va ganando más terreno y ella se lo está cediendo. El lugar que ocupamos en la vida de alguien determinará su trato, sus actos de servicio y sus muestra de afecto para con nosotros y en realidad esto no es algo que no se exige, simplemente la otra persona te coloca donde lo decida y ya queda de tu parte si aceptas o no.

Ha llegado el día del evento que Abigaíl tanto ha esperado, está hermosa como siempre, un vestido rojo imponente y unas zapatos de piedras que la hacen lucir esbelta. Y al llegar al lugar, todos sus compañeros de trabajo, le hacen un cumplido, igualmente lo hace ella y deseándoles los más grandes éxitos. Comienza el evento y desde arriba puede verse toda la ciudad, es una noche especial. Mientras todo el evento está transcurriendo, puede ver pasar el carro de Carlos y esto por un momento le hace pensar que llegaría a sorprenderla, pero no sucede, simplemente pasa y de hecho ni la ha llamado para desearle éxitos.

Esto hace que sus ánimos bajen un poco, pero aun así decide seguir disfrutando de su noche, de su momento soñado. Ya sus compañeros han presentado sus proyectos y ahora es su turno, sube con toda la confianza de saber que lo hará excelente, ha trabajado mucho en esto y hoy lo quiere para ella. Hace una excelente presentación, se lleva muchos aplausos y buenos comentarios y un prometedor pronóstico.

Llegan al final del evento y junto a dos compañeros más, Abigaíl ha sido anunciada como uno de los programas con mayor ranquin y más proyección dentro del canal. Esto la hace sentir feliz, emocionada, siente que si ha valido cada noche, cada esfuerzo, cada libro, cada hora de estudio y preparación, se siente exitosa. Felicita a sus compañeros y les desea el mayor de los éxitos en sus nuevas metas y brinda juntos a ellos. Termina la noche celebrando y disfrutando del agasajo, con una enorme sonrisa de satisfacción. Mientras bueno, ya saben, mientras Carlos está compartiendo con sus amigos.

Y ahí está Abigaíl, sola, aun teniendo un compañero, está celebrando sola, uno de los momentos más importante de su carrera, ¿pero adivinen qué? Aún no puede darse cuenta que realmente no está acompañada. Todo termina y al regresar a casa, su familia está esperándola para celebrar con ella, en una pequeña sorpresa, que le hace feliz la noche. Disfruta en familia y se va a descansar, su día ha sido excelente, más de lo que ella esperaba y se siente realmente satisfecha. Se dispone a descansar y al mirar su celular encuentra miles de felicitaciones, pero el chat de Carlos está vació. Simplemente suspira, cierra el teléfono y se acuesta para descansar.

Todo continúa como si nada.

Al despertarse, recibe una llamada de Carlos para saludarla y saber cómo estuvo la noche y como le fue en el evento. Ella le responde que todo estuvo genial, que su programa resultó estar en el segundo lugar y tener excelentes proyecciones dentro del canal y esto la hace feliz. Él la felicita y le dice que ayer no quiso molestarla para que disfrutara de su noche, respetando su espacio, para que compartiera con sus compañeros. Ella solo puede agregar, que le hubiese encantado haber contado con él. A lo que le responde, que en nuevas oportunidades, lo estará y agrega:

—hoy espero verte para el cumpleaños de José Leonardo, paso por ti a las 8:30 pm—

—está bien te espero a esa hora, cuídate mucho amor, un beso—

Abigaíl se siente un poco triste, por la actitud tan apática de Carlos hacia sus logros, pero comprende que él quiere respetar sus espacios, ¿ustedes creen que él está respetando sus espacios o que simplemente no la está tomando en cuenta? Vamos a dejar que Abigaíl lo averigüe por si sola y nos cuente.

Son las 8:30 y ya Abigaíl está lista, esperando a que Carlos llegue, pasan unos minutos y avisa que está abajo y ella le pregunta si quiere subir y él solo responde:

—ahora mismo no, porque ya es un poco tarde— la pregunta es: ¿tarde para qué? Es un cumpleaños, eso no tiene una hora específica de llegada, pero igual Abigaíl, solo responde:

—vale está bien, ya bajo— Son pequeños detalles y hechos que parecen insignificantes, que pasan casi desapercibidos, ella no se da cuenta, pero él no lo está dando todo en esta relación. Así que baja y al verla, como ya es costumbre, le lanza una bombita de amor, de esas que la hacen olvidar si ha ocurrido algo que la hace sentir mal. Él baja del carro para recibirla, extiende sus brazos hacia ella y le dice:

—cada vez que te veo estás más hermosa, me estás volviendo loco mujer— y ya sabemos, acto seguido la besa y la toma entre sus brazos, haciéndola sentir el todo en su vida con esas palabras, pero me pregunto ¿están acorde con sus actos? ¿Realmente le demuestra que es su todo? Ella simplemente responde a su abrazo y a sus besos y ya ni recuerda que ayer en su gran día él estuvo ausente y él se encargará de persuadirla para que lo olvide por completo.

Al abrir la puerta del auto ella queda sorprendida, hay un hermoso ramo de rosas blancas, con un enorme globo que dice: ¡Felicitaciones, creo en ti! Ella por supuesto emocionada corre hacia al otro lado del auto para abrazarlo y besarlo efusivamente y darle las gracias por ese hermoso regalo. Y él le corresponde y mirándola le dice:

—eres excelente en lo que haces, nunca dudé que lo lograrías—

—gracias mi vida, muchas gracias— Vuelven al auto y se marchan. Y su ausencia en ese gran momento ha quedado borrada y con este cumplido, el mal sabor ha sido endulzado.

Llegan al sitio y disfrutan plenamente de esa noche, bailan, comen, comparten y ella conoce a otros amigos, todo es risas, anécdotas y chistes. Una excelente velada.

Llega el momento

Este fin de semana, en la ciudad se presentará un grupo de música reconocido y Carlos tiene todas las intenciones de invitar a Abigaíl, porque sabe que a ella le gusta. Así que hoy durante el almuerzo le hará la invitación.

Pasa por ella en la oficina y cuando están almorzando le hace la propuesta

—amor, este sábado se va a presentar tu grupo de música favorito en el Hotel La Costa y quiero saber si quieres ir—

—¡sí! Me encantaría claro—

—pero quiero que esa noche te quedes conmigo— y esto la pone un poco nerviosa, por eso significa que es muy probable que lleguen a la intimidad, entonces se preparará para eso.

—de acuerdo, me parece bien, organizaré todo para ese día—

—excelente mi amor, yo haré lo mismo—

Terminan de almorzar y la regresa a la oficina y de inmediato llama a Lay para pedirle ayuda e ir a comprar algunas cosas para ese día. Y al finalizar la jornada, van al centro comercial y ahí compran lo que ella va a necesitar. Le confiesa a Lay que está un poco nerviosa, porque Carlos le gusta muchísimo y se ha imaginado este momento de mil maneras y ahora sabrá cómo será realmente.

Es sábado por la mañana y ella se está preparando para esperarlo, pasará por ella a la 1:00 pm y a las 3:00 pm tiene una cita en el spa del hotel para relajarse antes del evento, es realmente delicioso porque ella ama los masajes y lo disfrutará sin duda alguna.

Él llega a buscarla y ella como siempre baja, se saludan y se marchan. Al llegar al hotel y registrarse Carlos recibe una llamada y debe ir un momento a la oficina así que la deja instalada y va a atender un momento el trabajo. Mientras tanto ella se cambia para ir a su cita de spa y así espera relajada, hasta que él termine y regrese.

El spa es hermoso y con un aroma agradable que la hace sentir en las nubes, no podía ser mejor y comienza sus masajes relajándose enteramente y disfrutando de ese momento. Termina su sesión y regresa a la habitación, se ducha para esperarlo. Él la llama, para avisarle que está saliendo para allá y ella se prepara para sorprenderlo cuando... al entrar a la habitación, Carlos percibe el aroma de su perfume y ella está esperándolo con un ligero vestido blanco, que con sutileza dibuja su silueta y sin duda alguna pone su mente a volar. Se acerca a ella y la admira, la besa y al oído le susurra:

—eres tan hermosa amor—La toma por la cintura y la besa apasionadamente, la aprieta contra él y acaricia sus nalgas, le quita el vestido y mirándola con calma le dice:

—realmente eres bellísima—se desviste y termina de quitarle sus prendas de ropa, saca un preservativo y sin nada más entra en ella, en unos pocos minutos se deja venir.

Ella ha quedado sin palabras, todo ha sido tan rápido, él se levanta, le da un pequeño beso y se levanta para ir al baño y ducharse, dejándola tendida en la cama, como si nada hubiese pasado. Ella solo se repite en su mente, "toda primera es mala" seguro fueron nuestros nervios, la falta de confianza o el hecho de no conocernos, la próxima esto será mejor y diferente. Absolutamente jamás imaginó que sería así de simple.

Banderita roja, la sexualidad es un elemento fundamental, en el comportamiento del ser humano y puede describir ciertos aspectos de la conducta, en este caso por ejemplo, el abordaje simple y pobre de este encuentro, evidencia que Carlos es un hombre machista, que no se ocupa del bienestar en pareja sino más bien de su bienestar individual, dejando en claro que es un ser egoísta y además con un escaza educación sexual. Pero Abigaíl, dará otras oportunidades, para verificar si fue cuestión de falta de confianza o hubo algo más por ahí.

Él sale de la ducha y le dice que se arregle para bajar a cenar, entonces ella se levanta se da una ducha breve y sale a vestirse para bajar. Ya él está listo, se ha puesto ropa cómoda y ella hace lo mismo, solo bajaran para comer antes del concierto y luego vendrán a cambiarse de ropa para el evento. Cenan y suben de nuevo a la habitación, descansan un momento hablan sobre como estuvo el día y sobre trivialidades, pasadas un par de horas se levantan para vestirse y bajar. No sé ustedes, pero yo esperaba mucho más.

Él tiene unos invitados, que quiere que conozcan a Abigaíl y los verán esa noche. Mientras los esperan bailan y disfrutan, hasta que sus amigos llegan y al recibirlos la presenta con ellos:

—les presento a Abigaíl, es mi novia— Ella extiende su mano para conocer a su amigo y a su esposa

—un placer conocerles, gracias por acompañarnos—

—el gusto es nuestro, espero que disfrutes de esta noche—

—agradecida, siéntanse cómodos—

Y la noche va transcurriendo, entre bailes, copas, conversaciones y risas. Pero Abigaíl, se siente cansada y ya quiere subir a dormir, se lo comunica a Carlos, pero está un poco tomado y él le responde:

—yo aún no quiero subir, si deseas sube tú— Aunque no fue grosero, se puede decir que no fue amable. Y se retracta diciéndole:

—vinimos a compartir mi amor, esto no lo hacemos todos los días, vamos a quedarnos otro rato, ¿te parece?— Y ella accede, entonces bailan de nuevo y terminar de disfrutar del concierto. Se disponen a subir y se despiden de sus amigos.

Al entrar a la habitación, a Carlos se le puede notar que está un poco ebrio y le dice a Abigaíl, que él sabe que tiene dinero y que puede darle lo que ella quiera, así que puede pedirle lo que desee. Esto desconcierta de nuevo a Abigaíl, pero en las condiciones que él está, no piensa conversar absolutamente nada con él, entonces lo invita a dormir, pero él no acepta. Ella se acerca hasta él, le da un beso de buenas noches y se despide, entra a la cama y se da la vuelta y solo piensa que así no lo había visto antes y no es algo que le guste mucho. A los pocos minutos él entra también en la cama y se duermen juntos. ¿Les parece que para ser la primera noche juntos de Abigaíl y Carlos ha sido algo soñado? Bueno solo ellos saben si ambos cubrieron sus expectativas.

Cuando alguien minimiza tus esfuerzos, te está maltratando psicológicamente, porque te reduce a ser uno más del montón invalidando tus logros, haciendo parecer que no son dignos de celebrar. ¿Quieres a una persona así, para que te acompañe en tu recorrido por la vida?

María Fernanda Prieto

ESCENA V

Fases de la respuesta sexual humana

Al amanecer, él le da un beso de buenos días, toma su teléfono y comienza a trabajar, antes de salir de la cama, ella se levanta para ducharse y a los pocos minutos él la sigue hasta la ducha, se bañan juntos y ella discretamente lo seduce, pero él no lo ha notado. Entonces salen de la ducha, ella se adelanta y lo espera en la cama y cuando él se acerca lo aborda con un beso apasionado, de esos que provocan deseo y ahora él si se ha percatado y le responde con besos y abrazos, de inmediato toma un preservativo se lo coloca e intenta penetrarla, pero a ella le molesta.

Le molesta porque aún no está preparada, el estímulo que ha recibido no es lo suficientemente fuerte ni prolongado y aunque ella ya ha sentido el deseo o la respuesta a este, necesita más tiempo de caricias, besos, susurros, lamidas, sexo oral, eso que conocemos como preámbulo y que a la mujer le toma entre 5 y 11 minutos dependiendo de la edad y la situación estimulo-respuesta.

Él hace un burdo intento por penetrarla de nuevo, pero ella aún no está lubricada, no ha pasado a la primera fase, que la fase de la excitación, donde la vasocongestión da paso a la lubricación vaginal y la vulva y la vagina aumentan su tamaño. Esto es lo que hace placentero el coito y cualquier tipo de penetración, pero Carlos obviamente no lo sabe y se va directo al grano.

Ella le dice que no está preparada y él simplemente, busca lubricante y le aplica en la entrada de la vagina y sobre su erección, pero aunque esto permitirá una penetración sin dolor, la cavidad vaginal no está lista y esto hará un poco más difícil alcanzar el orgasmo. Lo ideal sería ejecutar la penetración en esta fase, avanzando así de manera satisfactoria a la segunda fase, la fase de meseta, que se caracteriza porque los cambios genitales y extra genitales alcanzan sus máximos posibles, aquí puede apreciarse una vagina extendida que puede llegar a alcanzar unos 20 cm de longitud y unos labios internos de color rosado intenso, labios externos acolchados y un clítoris prominente.

En el caso del hombre el glande se torna de un color rosado fuerte o violenta, con unas venas marcadas y su longitud máxima, con los testículos levemente recogidos.

Una vez que estas dos fases, son completadas exitosamente, incrementarán la posibilidad de experimentar squirting, eyaculación femenina y orgasmos, que se experimentan en la fase orgásmica, para finalmente, alcanzar la última fase, conocida como la fase de resolución que se produce tras el orgasmo, se podría definir como la vuelta a la normalidad.

Después de haber leído, todo lo que abarca el sexo y su función, les pregunto ¿creen que Abigaíl, tendrá un orgasmo explosivo? Vamos a verlo a continuación.

Finalmente logra la penetración sin dolor, o malestar gracias al efecto suavizante del lubricante y ella puede sentir el roce del pene dentro su vagina y aunque es agradable, no es suficiente para que ella logre alcanzar el tan anhelado orgasmo. Mientras para Carlos, el roce que ofrece una vagina artificialmente lubricada y que no está preparada para la penetración, aumentan su sensibilidad y de nuevo alcanza su orgasmo en corto tiempo, aproximadamente después de unos 2 minutos de penetración.

Lo que podría describirse, como eyaculación precoz, pero debemos darle una nueva oportunidad, bueno si otra, van dos fallidas para Abigaíl, pero ella aun piensa que es falta de confianza, por lo que espera poder tener una conversación sobre dicho encuentro, en un momento más oportuno. Por ahora se levantan, para asearse y bajar a desayunar.

Ella no está para nada satisfecha, mientras que a él le ha parecido satisfactorio, ya que en los únicos dos encuentros que han tenido hasta el momento, él ha logrado tener orgasmos de una manera sencilla, sin complicaciones. Ahora ambos se arreglan y bajan para desayunar juntos, pero Carlos ha retomado el trabajo y deja a un lado el romance que Abigaíl esperaba que tuviese su primer encuentro. Para ser la primera vez, el deseo ha estado un poco bajo, lo que se experimenta con frecuencia, es que en los primeros encuentros, de hecho en los primeros meses de la relación la llama del deseo y la pasión ardan fervientemente, pero al parecer este no es el caso.

Hablemos un poco sobre el deseo sexual, que puede describirse como una condición natural e innata del individuo, inherente y latente al proceso de la función sexual que permite activar, mantener, desactivar o inhibir las actividades propias del sexo. Asimismo puede concebirse como una emoción, un impulso, la fuerza que nos mueve al encuentro íntimo con otras personas. Nos motiva a relacionarnos, a compartir intimidad, para el mantenimiento de relaciones afectivas y placenteras. FLASSES (2014).

Por otra parte Bianco (2014) indica que es "una cualidad del proceso de la función sexual", se manifiesta a través de la presencia de fantasías, evocaciones, motivación, ganas, incitación a la búsqueda y receptividad al ser buscado, para ejercer la función sexual.

En los seres humanos, encontramos las siguientes categorías:

Deseo Sexual Alto (actividad diaria, hasta cuatro días).

Deseo Sexual Medio o Moderado (5 a 9 días).

Deseo Sexual Bajo (de 10 a 14 días).

El deseo sexual, suele confundirse con la frecuencia sexual y realmente son diferentes. El deseo cuantifica las veces que se quiere tener un encuentro sexual, mientras que la frecuencia sexual, indica el número de veces que se ejecuta el mismo. Lo ideal, es que en una pareja, estos dos factores sean lo más cercanos posibles, para poder llevar buen ritmo en la función sexual y así los encuentros sean operativos. Pero esto lo vamos a determinar un poco más adelante según se vayan dando los encuentros entre este par.

Volvemos con estos "enamorados" que terminan de desayunar y él pregunta si tiene algo más que hacer o si le gustaría ir a la piscina y ella responde que si le gustaría, entonces ambos van a la tienda para comprar sus trajes de baño y disfrutar de ese día soleado. Suben para cambiarse y mientras preparan todo, a Carlos le entra una llamada que él decide atender en el pasillo, algo extraño porque él siempre atiende el celular donde se encuentra. Abigaíl lo nota y al regresar le pregunta si ha sucedido algo, a lo que él responde con otro pregunta:

—¿por qué lo preguntas?—

—porque has salido a hablar fuera de la habitación—

—no, todo está bien, bajemos— Y así sin nada más que agregar bajan, generan un poco de tensión entre ambos. Pero ya saben que él lo arreglará en el transcurso del día.

De la nada un joven se acerca y con rosa y una pequeña caja y lo deja en la silla donde Abigaíl tiene sus pertenencias y ella se percata desde la piscina, Carlos la mira y se sonríe y ella responde con beso y un abrazo y él le dice:

—eres especial para mí y quiero verte feliz—salen del agua para ver el obsequio, al abrir la caja, ella encuentra una hermosa pulsera y un anillo a juego con unas hermosas piedras rosadas, lo besa de nuevo y le da las gracias por ser tan detallista y él solo agrega:

—lo mereces todo— y así se libera la tensión que generó la llamada incógnita. Todo un mago este Carlos, de verdad se las trae y es así como logran pasar un día de relax, completamente maravilloso.

Tal vez ya notaron esta bandera roja, que llamaremos evasión, aquí los conflictos no se solucionan, de una forma casi artística se evaden, se hacen a un lado y se olvidan, pero la verdad es que las mujeres no funcionamos así. Mientras que los hombres son más prácticos y desean pasar del conflicto a la solución inmediata, a las mujeres nos gusta elaborar el proceso y saber que fue solucionado. Pero en este caso, solo se están colocando en una larga fila que solo los hará ver acumulados y eso a la final no trae muy buenos resultados.

Lo más recomendable en estos casos, es que se converse cuando las personas no estén incomodas, tristes o molestas, para evitar generar un conflicto mayor y así darle solución de manera objetiva. Pero estos jóvenes aún deben aprender eso.

El día de relax está por terminar, Carlos debe regresar al trabajo y Abigaíl, volver a su rutina, hoy ha quedado en ver a sus amigas, para tomarse un café. Él la lleva a casa y se despiden, ha sido realmente agradable ese compartir. Carlos le dice que en la noche pasa por ella y ella le comenta que tiene planes con sus amigas y él le pregunta si puede unirse por lo menos un rato. Y lo primero que viene a la mente de Abigaíl, es y ¿mi espacio? Ese que respetó el viernes. Y le responde:

—mejor en otra oportunidad, hoy seremos solo chicas y se verá como medio raro, pero luego organizamos algo—

—que conste que yo quiero verte—

—no me hagas sentir mal, pero de verdad seremos solo chicas y ya sabes cómo es cuando varias mujeres se reúnen—

—entiendo cuídate y pásala bien, estamos en contacto— Se despiden con un beso y ella sube. No hay nadie en casa así que aprovecha para terminar unas cosas del trabajo y dejar todo listo, para disfrutar sin preocupaciones, de esta noche de chicas.

Se desvanece el color rosa

Varios meses después un domingo por la tarde, Carlos y Abigaíl han decidido pasar el día en el apartamento de Carlos, ver películas, ordenar pizzas, algo relajado. Están acostados y Carlos no ha soltado el celular ni porque es domingo, y menos porque ella está ahí. Pero como toda chica de esta era digital, se ha percatado que en esta oportunidad él no está trabajando, de hecho está conversando plácidamente con tres chicas y puede leer que las está invitando a salir, porque según dice el texto, él también las extraña, esto lo hace con cada una por separado. Está tan sumido en las conversaciones y emocionado, que ha olvidado por completo que Abigaíl está a su lado.

De manera lógica, esto a ofuscado a Abigaíl, quien se ha levantado rápidamente, busca sus cosas y le pide que le abra la puerta y apenas es ahora cuando él toma consciencia de su presencia, pero aún no comprende que ha sucedido, él no imagina que ella por estar a su lado ha leído parte del texteo y se ha molestado, entonces vagamente pregunta:

−¿qué sucede por qué quieres irte así de repente?−

−¿y todavía lo preguntas? Me parece un descaro de tu parte, estamos hoy compartiendo, yo estoy acostada a tu lado y eso te ha dado igual, tan igual que te estas escribiendo con otras mujeres ¿o realmente crees que no me doy cuenta? de verdad, creo que lo mejor es que dejemos esto hasta aquí, si tú quieres tener 15 mujeres, eso está bien, pero yo no quiero ser parte de esa lista. Así que ábreme que me voy−

−pero ven acá vamos a hablar, no tienes que ponerte así, yo no estoy escribiendo con nadie−

−yo no quiero hablar Carlos, ábreme la puerta por favor−

−¿en serio vamos a dejar todo hasta aquí, por unos mensajes que no tiene importancia?−

−si Carlos, por unos mensajes, yo estoy dando todo en esta relación y espero recibir lo mismo. No venir a hacerte compañía un domingo y tu agendando tus citas para el transcurso de la semana, porque tú también las extrañas, ¡no!

−por favor discúlpame, no fue intención, eso no tiene importancia, dime algo ¿con quien estoy acostado ahora mismo?−

−¡estabas acostado! ahora puedes llamar a cualquiera de ellas y que vengan y así no se extrañarían tanto− Ella abre la puerta y se va. Y él vuelve a acostarse y termina de ver la película.

Mientras que ella va llorando todo el camino, tal cual y como nos han enseñado, a sufrir porque alguien no nos elige, a reclamar un lugar que no se nos está dando y a discutir contra la razón de otro.

Si nos detenemos por un momento podemos observar a Carlos, un hombre machista, manipulador y narciso, que demanda mucha atención y reconocimiento para sentirse importante. Un hombre con una seguridad disfrazada, que necesita la aprobación de muchos para sentir que es tomando en cuenta y ahora la necesidad de varias parejas que le generen seguridad de compañía y le quiten el miedo de ser abandonado. ¿Pero de donde vendrá todo esto? ¿Y para qué Abigaíl, lo ha atraído a su vida?

Ahora han terminado y a él le da igual, algo un tanto confuso, para alguien que había dado tanto, para un bombardero de amor, que se ganó un lugar en los sentimientos de alguien, que ha sido tierra fértil para cada semilla que ha sembrado y de quien pudiera cosechar buenos frutos, porque si colocamos todo en un balanza, fueron más los buenos momentos que los desagradables.

Pasan unas semanas y Abigaíl, necesita unas cosas que tiene Carlos en su casa, entonces le escribe para preguntarle cuando puede pasar y él de inmediato responde:

—¿Cómo has estado? ¿Cómo te sientes? Puedes pasar cuando gustes, solo avísame para esperarte.

—pasaré este sábado a las 4:00 pm, ¿estás de acuerdo?—

—de acuerdo te espero— Y esa es toda la conversación, por supuesto no es fluida, puede sentirse la tensión sin duda, pero al fin y al cabo, no tienen muchos temas para hablar.

Llega el sábado y a las 3:30 pm ella le escribe para recordarle, que en media hora pasará por su casa como acordaron y él solo le dice, que está esperando por ella. Al llegar ella le avisa que está a fuera para que él salga a atenderla y traiga las cosas de una vez, pero él viene con las manos vacías y con la propuesta que ella estaba esperando para rechazar, como toda niña malcriada.

—bájate para que hablemos—

—no tengo el tiempo, tengo cosas que hacer, tráeme las cosas—

—¿segura que no quieres hablar? Puedo explicarte y arreglamos las cosas—

—ya lo hablamos y de verdad creo que para ti no es importante—

—es que en realidad no me importa ninguna otra mujer—

—¿entonces para qué les dices que las extrañas y están en ese juego por teléfono y con el descaro de hacerlo a mi lado?—

—cosas tontas que hacemos los hombres, ¿pero qué demuestran mis hechos, qué quiero estar con ellas o contigo?—

—¿sabes qué Carlos? déjalo así, haciendo cosas que según tú no tienen importancia—

—¿eso es todo, así termina esto?—

–si Carlos, gracias por tu comportamiento. Gracias por nada, hasta luego–

–no puedo hacer nada más–la típica frase que dice una persona cuando no quiere lidiar con alguien y la que nadie sobre la faz de la tierra quiere escuchar cuando está enamorado.

Pero aquí vamos de nuevo, con una bolsa llena de tonterías y un corazón partido que no cabe en ninguna bolsa, una sensación de decepción que inunda los ojos de Abigaíl de lágrimas y sumergiéndose en una profunda tristeza, con la que definitivamente no puede explicar, ¿por qué si él era tan especial, hizo eso? ¿Por qué la hizo sentir que era el centro de su mundo, si tiene mil distracciones para sus tiempos libres, e incluso por qué hacerlo cuando está con ella? Y aquí vine todo ese diálogo interno que nos hace explotar la cabeza y aunque nos hace dar mil vueltas, por posible respuesta y nunca da con la respuesta real, esa que solo tiene el otro, mientras que a quien piensa, lo matan las dudas.

Pasan los días y Carlos y Abigaíl se encuentran ocasionalmente en los mismos lugares, saludándose como al principio, como si nada hubiese pasado y sus conocidos les preguntan ¿qué pasó? Y ellos solo responden, no nos la llevamos como esperábamos. Y solo escuchan comentarios que dicen, que lamentan que no llegaran a nada, porque hacían excelente pareja. Pero al parecer no están en la misma sintonía.

Así pasan meses, cada uno haciendo su vida y viéndose ocasionalmente. Pero mientras alguno de los dos no dé un paso para avanzar hacia el otro, hasta aquí llegará la historia.

Casa, coche y perro

Una casa modesta, un coche para compartirlo y un perro mientras llegan los hijos. Así le decía la abuela a Neila, la mamá de Abigaíl y ésta a su vez se lo decía a ella, pero tranquilos que de esa generación no pasa esa creencia.

Abigaíl no cree en el matrimonio como garantía de permanencia o felicidad, pero como a la mayoría de las chicas, pues le hace ilusión casarse y vestirse de novia y hacer unas hermosas fotos, pero recuerden que Carlos es el soltero eterno, que le teme al compromiso y por más seguro que parezca, le teme en gran manera a tener una sola pareja, que si llegase a dejarlo él quede en total abandono. De hecho ya vimos como él se ocupa por garantizar que esto no suceda, teniendo de una vez su repuesto a mano.

Pero como Carlos no deja de sorprendernos, ha decidido llamar a Abigaíl, bajo una circunstancia particular, le marca y ella atiende:

—Hola, ¿cómo estás? ¿En qué puedo ayudarte?— pregunta. Y la sorprende la voz de Carlos quebrada del otro lado del teléfono

—no del todo bien, quiero hablarte personalmente, ¿podemos vernos?—

—¿pasa algo? ¿Está todo bien?—

—es Eduardo, pero no quiero hablarlo por aquí—

—de acuerdo, pasa por mí a las 8:00 pm—

—gracias por estar, nos vemos en la noche.

¿Qué traerá en esta oportunidad Carlos? Ya lo averiguaremos. Abigaíl sin dudas está ansiosa, porque no sabe lo que sucede, termina su día y va a casa para cambiarse y esperar a Carlos, quien puntualmente como siempre llega a las 8:00 pm, le avisa que está abajo y ella va a su encuentro. Inmediatamente al subir al auto, él la mira con sus ojos llenos de lágrimas y le dice Eduardo embarazó a otra mujer y me siento muy triste y rompe en llanto y se lanza en sus brazos. Abigaíl está sin palabras y llora con él, no tiene palabras, solo lo abraza con fuerza y le dice que todo estará bien. Él la mira y le dice:

—sé que no debo estar aquí, pero confío en ti y quise venir y estar contigo, siento mucho dolor y tengo una enorme decepción en mi corazón— Ella seca las lágrimas que corren por sus mejillas y mirándolo a los ojos le dice:

—todo estará bien y siempre voy a estar para lo que me necesites—y vuelve a abrazarlo para reconfortarlo. Y él se queda sumergido en ese abrazo profundo. Se aparta y le pregunta si puede acompañarlo esa noche, no quiere estar solo, ella hace una pausa y él seguidamente agrega:

— solo quiero compañía, nada más, pero si no puedes lo entenderé—

—puedo acompañarte claro, te dije que podías contar conmigo— le escribe a Neyla para decirle que se quedará con él. No le agrada mucho la idea, pero la respeta. Y se van a casa de Carlos. Al llegar él prepara algo para cenar, se da un baño y luego ella también y se acuestan a ver la televisión y él le pide que lo abrace y la mira diciéndole:

—gracias por estar en este momento, me haces falta y necesito de tu apoyo ahora mismo— ella le respondo con un beso y un abrazo y se despide deseándole buen descanso y así abrazados, sintiendo el apoyo incondicional que ella le está brindando, se duerme más tranquilo.

Al despertar, le da un beso y los buenos días y le pide disculpas por solo traerla como apoyo y le dice cuanto confía en ella y lo bien que lo hace sentir su presencia. Se levantan y él prepara el desayuno, se arreglan para ir a trabajar y volver a sus vidas. En esta oportunidad solo son amigos, pero se gustan, se aman y se desean, probablemente pasan de nuevo al nivel de novios. Veamos que hace Carlos. La deja en el trabajo y se compromete a buscarla al finalizar la jornada.

Hay muchas cosas que se revolvieron en la cabeza de Abigaíl y por su puesto su corazón siente que lo ama, pero no sabe que siente él y en esta oportunidad no quiere preguntarlo, si él quiere arreglar las cosas y probar de nuevo, que de él ese paso. Entonces ella respira profundamente y piensa que si ha de ser, será. Si él le pide que hablen, pues hablaran y si pueden llegar a un buen acuerdo estará bien.

Al caer la tarde, él avisa que va camino a buscarla y ella espera con ansias. Además él también sintió lo agradable y reconfortante que fue contar con ella en ese duro momento y que a pesar del amargo sabor que pasaron, ella estuvo sin dudas, ni rencores para él y esto hace que desee tenerla de nuevo, piensa en hacerle una propuesta y esperar a ver que decide ella. Llega a la oficina, le avisa y ella baja. Él la admira mientras se acerca, de verdad esta mujer le gusta y quiere tenerla en su vida. Ella abre la puerta y sube. Él solo puede pensar en que su olor es divino y toda ella es perfecta.

—¿cómo estás? ¿cómo te sientes?— pregunta Carlos, con una sonrisa que no puede ocultar, es la emoción de tenerla de nuevo tan cerca

—me siento bastante bien ¿y tú?—

—excelente, ¿podemos ir por un café o tienes algo que hacer?— ya ustedes saben que ella muere por una conversación

—¡sí! Podemos ir me parece bien— Él sonríe y avanza.

Llegan al lugar piden dos cafés y ella le pregunta por Eduardo

—hoy hablé con él, le pedí que se fuera de la casa, estoy muy molesto con él—

—¿crees que es buena idea, pedirle que se vaya? ¿A dónde ira?—

—a casa de su novia, me dijo que ahí está bien—

—no estoy de acuerdo contigo, pero lo respeto— Él respira profundamente y en una pequeña pausa toma sus manos y mirándola le dice:

—quiero que vengas a vivir conmigo, no quiero estar sin ti— Esto sin dudas la toma desprevenida, han pasado muchos meses y simplemente no hablaron de nuevo, por un momento deja de respirar y su expresión de sorpresa no es algo que pueda disimular, su corazón late rápido y sus manos se enfrían, tomando aire en un suspiro lo mira y le pregunta:

—¿estás seguro de esto? nuestra última discusión acabo mal, de hecho nos separamos después de eso y ya han pasado muchos meses—

—no lo arreglamos en ese momento porque no era el indicado, estábamos molestos y lastimados. De hecho me disculpo por el mal momento, no volverá a ocurrir, pero quiero que estés conmigo—

—pero Carlos, esto es otro nivel. ¿Estás seguro que eso es lo que quieres? Hay muchas cosas que yo quiero y debemos conversarlo claramente y llegar a algunos acuerdos y así tomar una decisión—

—estoy de acuerdo contigo. Dime cuáles son esas cosas que quieres y hacemos los acuerdos—

—bueno quiero casarme en algún momento, quiero tener hijos, me gustaría vivir en otra ciudad—

—estoy de acuerdo con todas esas cosas, pero de momento quiero que vengas conmigo y lo vamos planeando ¿te parece? Lo único que no quiero es tener que hablar con tus padres—

Y volvemos a pararnos en un punto, que ya hemos visto antes, ella no termina de comprender a qué le teme tanto, que no quiere asumirlo hablando con sus padres. Y reitera su propuesta diciéndole:

–te complazco en todo, compláceme en eso y hazme el camino con ellos y luego yo les hablo– Y ella sin dudarlo acepta. Está enamorada de ese hombre e igual que él, quiere estar a su lado.

Pasan un par de meses y van organizando las cosas y llega el momento en el que Abigaíl debe hablar con sus padres. Está muy nerviosa y sin dudas se siente sola, siente que no cuenta con Carlos para hacer algo tan importante, pero aun así avanza, confiando en que es lo correcto. Llega a casa y le dice a sus padres, que Carlos le ha pedido que viva con él y ella ha aceptado, en los próximos días se mudaran juntos. A ellos no les agrada del todo la propuesta y de inmediato le preguntan por qué Carlos no ha venido para hablar con ellos y ella solo puede decirles que está ocupado trabajando y su madre solo la mira y le dice:

–es decir, que es más importante el trabajo que tú–

–claro que no, pero ya sabes cómo es él de cerrado para estás cosas, no quiero que discutamos por favor–

–de acuerdo, ya eres grande y puedes hacer lo que quieras, pero no olvides que tus sueños también son importantes, no solo los de Carlos, él no es el único en esta relación–

–gracias por comprenderme, voy a comenzar a recoger algunas cosas y las estaré llevando en el transcurso de la semana a casa de Carlos. Y además espero poder hacer una reunión familiar para que compartamos todo–

–no te comprendo, pero sé que no queda mucho por decir, evidentemente es una decisión tomada y estoy clara que nosotros no vamos a cambiarla. Solo te recuerdo que no solo Carlos importa–

Esta conversación con sus padres y la falta de apoyo de Carlos, la hace sentir un poco triste, sin embargo comienza a guardar sus cosas para mudarse. En medio de su tristeza le ha marcado a Carlos, pero parece estar ocupado, por lo que le deja un mensaje diciendo:

—me siento triste, mis padres preguntaron por qué no viniste conmigo, para anunciar tan importante decisión y solo les dije que estás trabajando— pasada más de una hora, él le responde.

—no hagamos esto más difícil, te pedí que dieras el primer paso con ellos y yo daré los siguientes, pero no ahora mismo—

—de acuerdo, ahora estoy organizando las cosas, nos vemos en casa, cuídate—no puede evitar romper en llanto, ama a Carlos, pero no puede evitar sentirse sola y se siente un poco desanimada, por la lógica actitud de sus padres, pero ya tomó la decisión y seguirá adelante. Va a la sala y les dice que hoy se llevará unas cosas y regresa en un rato y solo escucha un frio ¡Ok! de su mamá. Toma las cosas y se va. La tensión en el aire puede sentirse y el descontento va más allá de lo que ella se imaginaba.

De camino a casa de Carlos le vuelve a marcar para decirle que va en camino y lleva algunas cosas y él solo le responde:

—está bien, nos vemos en un rato—

—de acuerdo, espero por ti—

Llega a su nueva casa, baja las cosas que ha llevado y se sienta en la sala vacía mientras espera que Carlos aparezca. No puede evitar sentirse abrumada, con sentimientos encontrados, por estar donde quiere, con el hombre que quiere, pero sintiéndose sola en todo esto, nada sucedió como ella lo imaginó algún día. Todo lo contrario, tristeza, miedo, soledad, angustia, pero ahí estaba y quería continuar.

Al caer la tarde, por fin Carlos aparece, se acerca a ella y al ver su rostro hinchado de llorar, la abraza y le dice:

—no quiero que llores, te pedí que vinieras conmigo, porque quiero verte feliz, quiero que comencemos una nueva vida juntos y que lo hagamos de la mejor manera. ¿Quieres que vamos a cenar?— ella sonríe y mirándolo a los ojos le dice:

–tienes razón hagámoslo bien. Si quiero ir a cenar y luego me llevas a casa—

–pero no comprendo, ¿no te mudaste hoy?—

–no, no traje todas las cosas prefiero hacerlo en el transcurso de la semana—

–de acuerdo lo haremos a tu ritmo, como tú te sientas más cómoda, quiero que este cambio te siente bien y te haga feliz—

–gracias por entender mi amor, te amo—y se acerca a él para abrazarlo fuerte y al oído le dice:

–no quiero sentirme sola—

–no pasará mi amor, yo estaré presente, puedes contar conmigo—

–no lo sentí así cuando hablé hoy con mis padres—

–ya esto lo conversamos y no quiero repetirlo, ya pasó y te dije que yo le daré continuidad, es todo— la besa y la abraza y le dice vamos a bañarnos para ir a cenar. Y así lo hacen.

Nuestra querida Abigaíl, está enamorada de su hombre y para ella, estar con él es lo más importante, tanto que no le deja retos, de hecho se los quita del camino y los asume para ella. No quiere que nada lo haga dudar de estar a su lado, pero ella no lo ha notado. Lo ha puesto antes que ella y ni siquiera se ha dado cuenta, pero de seguro en algún momento no muy lejano lo notará, si las cosas continúan de esta manera, espero que mejoren.

Van a cenar, la noche es mágica, ya saben cómo Carlos sabe diluir cualquier trago amargo y llenar vacíos importantes con hermosos detalles y esa noche no será la excepción. Pide rosas para la mesa, champagne como le gusta a Abigaíl y un exótico postre, bailan buena música y todo vuelve a tornarse color de rosas. Al finalizar de la velada de camino a casa de Abigaíl, él le dice:

−hoy me sentí feliz de saber que en pocos días, serás mía− ella sonríe y toma su mano y con alegría responde:

−yo también estoy feliz, te amo tanto Carlos y quiero hacer mi vida contigo− Él levanta su mano y la besa diciendo:

−si te mudas este viernes, el domingo podemos hacer una comida para tus padres− esto la hace brincar de emoción y acepta feliz y le dice:

−claro que sí, me encanta la idea, lo haremos así, hoy mismo le diré a mis padres− Se despiden y ella sube, encuentra la misma tensión en casa y espera que la noticia de la cena del domingo cambie un poco el panorama, entonces mira a sus padres y les dice:

−este viernes me mudaré y Carlos los ha invitado para hacer una comida el domingo− Su madre la mira y le dice:

−este domingo estaré ocupada, yo no tengo empresas, pero tengo una vida, él no es el único que hace cosas− Abigaíl, puede notar que aún hay molestias y descontentos y solo agrega:

−de acuerdo, entonces lo haremos el siguiente sábado, si están de acuerdo−

−bien−Es lo único que dice Neyla y Marcos solo asienta con la cabeza.

−entonces el siguiente sábado nos reunimos en casa− Se hace un profundo silencio y a Abigaíl no le queda otra que retirarse a su habitación. Y le deja un mensaje a Carlos para informarle sobre el cambio de planes y entonces comenzar los arreglos para ese día.

Si hacer el amor, no es algo divino y pasa a un segundo plano o incluso pasa a estar ausente en una relación, permíteme decirte que no tienes una pareja, tienes un amigo o amiga. Y eso lo cambia todo
¿O acaso es lo mismo ser amigo de tu pareja, que solo ver a tu pareja como un amigo?

María Fernanda Prieto

ESCENA VI

Bajo el mismo techo

Llega el viernes y Abigaíl se muda, sus papás aún siguen descontentos, de igual forma ella se despide un poco triste, pero continuando con su plan y por supuesto Carlos desde el otro lado, en la misma posición, esperando que sea sábado para que ellos vayan a casa. Abigaíl va a su día de trabajo y desde ahí ira a su nueva casa, a su nueva vida, como ella lo ha querido desde que conoció a Carlos.

De camino al trabajo Carlos le marca, para comentarle lo feliz que está, de que hoy sea el día, de que por fin estarán juntos y eso lo tiene contento y quiere invitarla a una cena esa noche. Esto mejora los ánimos de Abigaíl y se contagia de esa felicidad. Hace su jornada de trabajo tranquila como todos los días y al finalizar, le escribe a Carlos para decirle que lo espera en casa y le emociona escribirle y saber que irán a la misma casa, que ya no debe ir por ella, que lo verá todos los días y se esperarán para hablar sobre su día y sus planes. Esto la hace feliz.

Le escribe un mensaje a su mamá para avisarle que ya salió del trabajo y va a casa, pero Neila lo lee y no le devuelve respuesta, aún está disgustada, no se lo esperaba y aun no lo ha procesado, está triste y molesta al mismo tiempo, pero es de comprenderse, es una mamá. Abigaíl vuelve a escribirle al llegar a casa para que sepan que está bien y de nuevo su mamá lee y no devuelve respuesta, pero Abigaíl lo comprende y deja de insistir, lo importante es que no estén preocupados por ella.

Al llegar se ducha para esperar a Carlos, se siente extraña una nueva cama, una nueva casa, nuevos aromas, pero le gusta, se siente feliz de estar ahí. Llega Carlos y sale a su encuentro, se lanza sobre él con un abrazo gigante y muchos besos, él la mira y le dice:

—por fin juntos, te quería conmigo— La besa y la tumba en el sofá y se acomoda sobre ella, acaricia sus brazos, la toma de las manos y las pasa sobre su cabeza, mientras besa su cuello y comienza a bajar por sus pechos, ella acaricia su cabello y se dispone a desvestirlo, él se saca la camisa y abre su pantalón, para sacar su erección y penetrarla, ella le dice que aún no está lista, pero él insiste en que ya es el momento y la penetra suavemente, ella siente un poco de dolor, pero pasa rápido. Ella lo abraza con fuerza y él se viene dentro de ella, dejándola de nuevo sin nada que decir. Sale de ella, la besa y le dice que se dará una ducha, para ir a cenar.

Esta banderilla, ya la habíamos observado desde el primer encuentro íntimo, ¿recuerdan que Abigaíl se lo endosó al hecho de que había sido su primer encuentro y que esto podía deberse a la falta de confianza? Probablemente sea más que eso y Carlos sea un machista, que no piensa que la mujer meceré experimentar el placer y el disfrute y solo piense en su goce exclusivo. Pero hasta el momento ella piensa que esto puede tener reparo ¿Cuántos de nosotros pensamos que podemos arreglar a otro y por andar con una caja de herramientas reparadora de emociones, salimos jodidos y dando gritos? ¿Cuántas veces nos decimos la frase? Cuando estemos juntos todo será diferente.

¿De dónde viene esa extraña idea de querer cambiar al otro, en lugar de aceptarlo tal y cómo es? Debemos comprender, que el ser humano si cambia, pero lo hace a su tiempo, no según sean las necesidades o caprichos de alguien más, nadie cambia a demanda de otro, cambiamos para nosotros mismos y las personas que están a nuestros alrededor disfrutaran de ese cambio, pero no cambiamos por lo otros, eso debemos tenerlo bien claro.

Toda conducta puede ser modificada y de eso no existe la menor duda, de hecho vivimos en un constante cambio, pero para que el cambio ocurra es necesario e indispensable que el sujeto en cuestión desee dicha transformación, de no ser así, nada va a suceder, por mucho que lo pidas, lo expliques con plastilina o con manzanas.

Por años y años, se nos ha enseñado como debe comportarse una persona en determinada situación, o desempeñando tal rol y quien sale de esos parámetros de la "normalidad" es señalado e incluso juzgado. Pero no nos dicen que cada quien es responsable de sus actos y si hay una persona que hace algo que te daña, te lastima, te incomoda y esa persona sabe que eso es así y no mueve un dedo para modificar ese comportamiento que daña la relación, (porque de hecho no está en la obligación hacerlo) la pregunta es ¿por qué carajos permaneces, si lo que esa persona hace te jode la vida? ¿Por qué esa loca idea de querer cambiar al otro a nuestro antojo?

Y bajo este esquema se conforman miles y miles de parejas, que van con la ingenua expectativa de transformar a la otra persona y amoldarlo según sea su gusto. Si bien es importante considerar, que al entrar en una relación, hay cosas que cambian, es importante evaluar, que esos cambios no sean exigencias, ni complacencia de caprichos.

¿A qué me refiero con esto de que se dan algunos cambios? Pues a que la repartición de los tiempos ya no será la misma, porque hay alguien que demanda un nuevo espacio de tiempo y atenciones y si te satisface estar con esa persona, probablemente cambien los tiempos para alcanzar metas individuales, quizás ahora se logren más rápido, porque ahora son un apoyo el uno para el otro. Tal vez los fines semanas no sean exclusivos de los amigos, probablemente quieran compartir entre amigos y ampliar círculo de amistades, o quizás compartir con las familias, porque a ambos les genera goce hacerlo. Pero todo esto debe ser consensuarlo por ambos.

Abigaíl piensa que este es el hombre correcto y solo necesita algunos cambios y ella está dispuesta a trabajar en eso. ¿Pero estará

Carlos dispuesto? Ella siente amor, deseo y se ha comprometido en esta relación para dar lo mejor de sí y tiene la mejor disposición y Carlos también, veamos cómo funcionan viviendo bajo el mismo techo. Abigaíl desea conversar un poco sobre la intimidad, pero está esperando un buen momento, tal vez el fin de semana sea bueno y tranquilo. Mientras tanto se viste para ir a cenar y distraerse un rato.

Durante la cena hablan sobre sus trabajos y un poco de cómo se siente Abigaíl en casa, ella dice sentirse a gusto y espera acostumbrarse a los espacios, no será difícil, es un hermoso apartamento, con una vista increíble y Carlos hace que todo sea agradable y acogedor y de nuevo le da la bienvenida a su vida, la toma de las manos y le dice:

–quiero que sepas, que todo lo que tengo lo quiero compartir contigo y quiero que te sientas plena, quiero que seamos felices juntos, quiero tu apoyo y quiero acompañarte en todo lo que te propongas– Se acerca y la besa y Abigaíl flota en su burbuja de felicidad.

–yo también quiero que estés cómodo conmigo y que tomemos esto con la responsabilidad y el respeto que lo amerita–

–estoy comprometido con esto, con nuestra nueva vida– Se acerca y le da un abrazo y juntos organizan el almuerzo familiar del domingo y al terminar la noche regresan por primera vez juntos a casa, al llegar ella puede sentirse agradada de estar con el hombre que ama y él también, se duchan juntos, se preparan para descansar y ven una película antes de dormir. Realmente este par lo está disfrutando.

En la mañana hay besos de buenos días, Carlos trae el desayuno a la cama, pero antes hacen el amor, se sienten plenos, deseosos el uno del otro, comparten el desayuno y conversan un rato antes de que Carlos se vaya a jugar y ella vuelva a estudiar, el lunes tienes presentación en clases y quiere que todo salga excelente. Salen de la cama, se duchan, se visten y se despiden, Carlos al despedirse le dice:

—hoy quiero cocinar algo para ti, tú solo espera a que regrese, te quiero sorprender— Ella sonríe y se acerca para besarlo y le responde:

—tengo que estudiar, así que te espero para preparar el almuerzo— Se despiden y cada uno vuelve a sus cosas.

Al regresar Carlos llega con una sonrisa y de inmediato comienzan a preparar la comida, le pide a Abigaíl que lo acompañe, le sirve una copa de vino y le pide que se siente, mientras él prepara todo para ella y así comparten su primera comida juntos. Carlos cocina divino y la han pasado muy bien en ese momento, pero Carlos tiene una reunión de trabajo, así que debe volver a salir y Abigaíl, continuará con lo de su presentación.

Se hace tarde y Abigaíl le escribe para saber si llegará a cenar y le responde que está cenando, que prepare algo para ella, que él llegará en una hora aproximadamente. Ella se prepara algo para comer y se da tiempo para organizar un poco más de sus cosas y también descansar porque el día de mañana será un poco largo, con la reunión en casa. Se da un baño y ve televisión mientras Carlos llega. Pasado un tiempo recibe un mensaje de Carlos para avisarle que va en camino, que llega en unos minutos. Ella va hasta la sala para recibirlo y al entrar él la saluda, le ha traído un pequeño detalle, sus chocolates favoritos y una rosa y con esto le ha robado una sonrisa y un gran abrazo a su mujer.

Van hasta la sala porque él quiere comentarle como le ha ido y le menciona que sus colegas de trabajo quieren conocerla, quieren saber quién es la mujer que ha logrado que él de tan importante paso y le hace una invitación para el cumpleaños de uno de sus amigos el siguiente fin, donde estarán sus colegas y compañeros que desean conocerla y seguidamente agrega:

–hoy les hablé mucho de ti, de lo que haces, de tu trabajo, de tu más reciente logro, les mostré tu foto y quieren verte, han hecho bromas diciendo que no existes, aun no terminan de creerlo, así que quiero que ese día, seas la más hermosa de la fiesta– Sonríe y le da un pequeño beso.

–claro está bien, ese día iremos. Hablando de otra cosa amor, mañana es el almuerzo con mis papás, quiero que todo quede rico, preparé un postre y arreglaré todo–

–me parece excelente mañana la pasaremos súper bien con ellos también, ahora quiero darme un baño y descansar–

–excelente prepararé un té–

Y así termina su segunda noche juntos, no podrían pedir más, comprensión, compañía, atención y amor, pueden dormir felices.

Al día siguiente se levantan y desayunan para comenzar con los preparativos, están contentos y Abigaíl llama a su mamá para recordarle que hoy a medio día los esperan, que ya están preparando todo y ella solo responde:

–está bien, nos vemos más tarde–

Carlos comienza a preparar la comida y Abigail el postre, mientras escuchan música y toman vino, realmente disfrutan lo que hacen, juguetean, se besan, se abrazan, para ellos es un buen lugar la cocina, se la pasan genial. Mientras todo está en el horno, van a arreglarse para estar listos para la llegada de los padres de Abigaíl.

Neila, le escribe para decirle que ya están cerca y ella baja para recibirlos, mientras Carlos termina de cocinar lo que falta. Sus caras están un poco serías, pero de igual manera Abigaíl, los recibe con una enorme sonrisa y un gran abrazo, ella está feliz y eso puede sentirse. Y así de la nada Marcos sonríe y al mirar a Neila ella deja que en su rostro se dibuje una pequeña sonrisa y esto es un avance. Es la primera vez que ellos están en casa y Abigaíl se ha esmerado para que todo se vea excelente, tal y como su mamá le enseñó.

Al subir Carlos se acerca para recibirlos, esboza una gran sonrisa y abre sus brazos para darles la bienvenida, estrecha su mano con Marcos y se acerca para saludar de cerca de Neyla y les dice:

–adelante, sean bienvenidos, estoy preparando algo delicioso para todos–

–muchas gracias– Dice Marcos y avanzan hasta la cocina donde Abigaíl y Carlos se están encargando de todo. Carlos les ofrece algo para tomar y los invita a ponerse cómodos, coloca música y de repente el ambiente está menos cargado. Parece haber sido una buena idea esta reunión. Mientras Carlos sirve la mesa, Abigaíl les muestra la casa y ambos le hacen agradables comentarios, esto hace que ella se sienta mucho más tranquila ahora.

Carlos los llama para comer y todos van a la mesa, cuando todos están sentados él mira a Abigaíl y le pide que de unas palabras de bienvenida, esto la deja fuera de lugar, porque todo el tiempo pensó que él las daría, algo así había sido el acuerdo, pero nos es momento para entrar en discusiones, así que ella levanta su copa y hace un brindis corto para darles la bienvenida a su nuevo hogar y agradecerles por formar parte de su felicidad. Todos lo miran y él simplemente dice:

–gracias por estar aquí, bienvenidos de nuevo, salud–Todos los acompañan chocando las copas y antes de que el momento se vuelva a hacer tenso, Abigaíl le dice que va por la ensalada para comenzar a comer, cambia la música y regresa con todos a la mesa, Carlos le ayuda con lo que falta y todos hacen buenos comentarios sobre la comida y al finalizar Abigaíl les sorprende con un delicioso postre. Ha sido una buena tarde, pero de seguro habrá comentarios por el brindis.

Comparten otro momento, Abigaíl y Neila van a la cocina, mientras Carlos y Marcos se quedan en la sala conversando sobre el trabajo. Mientras tanto Neyla, se acerca a Abigaíl y le dice:

—creí que hoy nos daría unas palabras de consideración por haberte traído con él, no sé, lo que sea, pero no lo hizo—

—mamá lo siento, yo también pensé que lo haría, no sé qué sucedió. Solo te pido que no volvamos hacer esto incómodo por favor—

—no diré nada más, tu elegiste a ese hombre y creo que no te da el valor que mereces, pero ya tu eres una mujer y debes darte cuenta de lo que sucede y lo que no. De igual forma te deseo lo mejor y que sean muy felices. Puedo ver que es muy cariñoso y atento contigo y eso me deja tranquila—

—si lo es mamá y lo amo y lo elegí para estar con él, yo sé que no fue como siempre soñaste, pero ya eso vendrá, ya lo conversamos y los dos estamos de acuerdo en casarnos—

—ya no tiene mucha gracia, pero háganlo como ustedes lo decidan—

—¿puedes darme un abrazo por favor?—Neila se acerca y la abraza y le dice que desea que todo salga bien, que lo dé todo, si ese es el hombre con el cual ella quiere estar.

Carlos y Marcos se acercan a la cocina, porque ya es hora de irse, y Carlos les dice:

—ha sido un placer, mi casa es su casa, pueden volver cuando lo deseen—

—gracias, también ha sido de nuestro agrado, cuídala— Agrega Marcos y le da un abrazo. Todos bajan para despedirse, fue una tarde agradable. Al subir Abigaíl le da la gracias a Carlos y le pregunta:

–¿por qué no hiciste el brindis, creí que era el momento adecuado, de hechos mis padres así lo creyeron y lo esperaron–

–no dañemos la tarde sí. En otra oportunidad será–

–¿cuál otra oportunidad Carlos, las cosas tienen su momento y el momento era antes de irme de casa de mis padres, ahora ellos vienen y de igual manera no dices nada, ¿cuándo será el momento?–

–no quiero que hagamos una discusión de algo que no ya no va a cambiar. En otro momento lo hago, ya no puedo devolver el tiempo–

–tienes razón, no arruinemos la tarde– Pero ya la tensión está presente, no es tan densa, pero se puede sentir.

Aquí tenemos una bandera roja, evidentemente Carlos, es un hombre que le teme profundamente al compromiso y pese a que tuvo un gran avance al asumir la convivencia con Abigaíl, darlo por sentado con un ritual que lo confirme, es algo difícil para él y no sabe cómo manejarlo, su manera es huyendo y sí que sabe cómo hacerlo. Esto probablemente les traiga una serie de inconvenientes, ojalá sepan manejarlos, ya que una pieza fundamental que mantiene estable una relación, es el compromiso.

Es lunes, así que deben reintegrarse a su rutina, Carlos prepara el desayuno, mientras Abigaíl se arregla, cuando ella sale a la cocina, está todo listo y él la recibe con un beso de buenos días, de esos que inyectan energía y le pide que siente para atenderla, porque ha preparado un desayuno especial para ella, esto le roba una espléndida sonrisa a Abigaíl y le regala otro beso. Él sirve la comida, se ve deliciosa y comparten tiempo de calidad antes de ir a trabajar y ambos lo disfrutan.

De camino al trabajo, Abigaíl llama a su mamá y la siente con un poco de tensión aún y le pregunta que si le sucede algo, a lo que ella responde:

—todo está bien, solo que ayer pensé que Carlos daría la cara, pero ni así lo hizo— Esto hace que Abigaíl, se sienta mal de nuevo y le dice:

—mamá, yo no me lo esperaba tampoco, pero de verdad es algo que ya no puedo cambiar, Carlos es así y aunque no me gusta, no puedo hacer nada con respecto a eso. De verdad no quiero continuar con este malestar por favor, creo que nos hace mal a las dos—

—de acuerdo, no diré nada más—

—no es que no opines, pero por favor no hagamos de cada falta un castillo, Carlos también hizo buenas cosas ayer y solo puedes ver lo que no hizo, o lo que hizo mal, por favor mamá yo comprendo que no hice las cosas como tú soñaste, pero eso no debería significar que estaremos enojadas el resto de nuestras vidas—

—tienes razón, lo siento, pero no puedo evitar notar que él no nos toma en cuenta—

—te comprendo, pero dame tiempo por favor—

—está bien hija—

—gracias por comprender mamá, te quiero—

—yo también te quiero y solo quiero que seas feliz, si tú lo amas y eres feliz con él, entonces es bienvenido a nuestra familia—

—gracias de nuevo mamá. Un abrazo para ti, que tengas un buen día, estoy llegando al trabajo, cuídate—

—igualmente tu hija—

Abigaíl siente que ha liberado esa presión y se siente ahora más tranquila, puede sentir que ahora las cosas pueden fluir, ella de verdad ama a Carlos y se siente feliz a su lado, incluso con sus defectos y quiere dar lo mejor de ella para que esto funcione.

Dulce aroma

Ahora que todo está más relajado y más fluido desde la perspectiva de Abigaíl, se siente de mejor ánimo y con mayor entrega a su nueva vida, a su relación, a la pareja. Sin embargo, esto de la pareja es cuestión de dos, es una cosa de querer estar, de recordar porque te elegí y para que te di entrada en mi vida, es un asunto de dar y recibir, no es que llegues a pedir a exigir, pero es ese dar y recibir lo que alimenta eso que llamamos amor.

Un amor que no envanece, que comprende, que se transforma, un amor que está en lo bueno y en lo malo, un amor justo y equilibrado, de esos amores que te acompañan a crecer y a ser tu mejor versión, un amor que te acepta con defectos, pero te toma de la mano para que prospere lo mejor de ti y ese amor Abigaíl lo siente y desea compartirlo con Carlos, con atenciones, con palabras, con cada gesto. Por lo que al regresar del trabajo, prepara una pequeña sorpresa para Carlos y espera que puedan disfrutarla al máximo.

Al llegar a casa, se da una ducha y se dispone a preparar una cena espectacular. Carlos llega, ella lo recibe lanzándose en sus brazos y envolviendo su cintura con sus piernas y un gran beso, al que él responde y luego le devuelve una gran sonrisa y le dice:

—te extrañé—

—yo también y hoy preparé algo delicioso para cenar, mientras te dejé listo una ducha caliente—

—¡ooh! Eso se escucha muy agradable y me gusta, voy de inmediato— Mientras él se ducha, ella continua preparando la cena, realmente quiere sorprenderlo, así que cuando Carlos regresa, ella solo trae puesto, una panty blanca y el delantal, esto hace que Carlos, se active y se lance a besarla, la toma por la cintura y con sutileza baja hasta sus nalgas, la sube en el desayunador, la besa, corre la panty hacia un lado y la penetra lentamente y se deja venir en ella. En esta oportunidad ella está excitada, porque estaba preparada para dicho evento, pero aun así esperaba mucho más, ese más con el que Carlos no logra conectarse. Ella se toma unos minutos para ir al baño y le pide a Carlos que por favor vaya sirviendo la comida, para que no se enfríe.

Le ha gustado, pero es tan corto y tan directo, hoy debe conversarlo, quiere que esto mejore, Carlos lo tiene todo y esto es algo en lo cual pueden trabajar juntos para mejorarlo. Regresa a la cocina y termina de servir, saca una botella de vino y le dice:

—hoy quiero brindar por nosotros, por nuestro amor—Él sonríe y le dice:

—me parece una excelente idea y estoy en total acuerdo, quiero brindar por nuestra dicha y porque he encontrado a la mujer que amo— Chocan las copas y después de un beso dicen ¡Salud! Y comienzan a disfrutar de la cena, mientras comparten como estuvieron sus días, un momento realmente agradable y ellos lo están viviendo al máximo.

Aquí tenemos una banderilla roja que tiene bastante peso y es el ámbito sexual, otro elemento fundamental para mantener en pie una relación sana y esta ha venido fallando. Si una pareja no tiene cubierta esta área de manera satisfactoria, es muy posible que comience a abrirse una brecha y la distancia se haga algo casi tangible, es casi como estar viviendo con un amigo, es decir, dos personas que se quieren, pero que no tiene complicidad y no intiman, como lo vimos en el amor cariñoso de Sternberg.

Cuando van a la cama, Abigaíl un tanto nerviosa por lo incómodo del tema, le dice a Carlos que quiere comentarle algo y él le presta atención, entonces ella lo aborda lo más relajada posible y le dice:

—mi amor, tú me gustas mucho, me gustan tus besos y me encanta hacer el amor contigo, sin embargo, a veces he sentido que nuestros encuentros son muy directos y me gustaría disfrutar un poco más de tus besos, tus caricias, poder acariciarte yo también, tomarnos el tiempo, porque no estamos apurados—

—¿quieres decir que soy precoz?— Y esto viene acompañado con un gesto de ceño fruncido, que denota desagrado.

—no, no, no me explique bien, me gusta tanto como hacemos el amor, que me gustaría que nos dediquemos más tiempo para el preámbulo y así poder tener el máximo disfrute—

—bueno para la próxima— Esto la deja sin palabras, porque la conversación se ha cortado de repente y definitivamente ese es un punto y final. Él la toma por el hombro la acerca hacia él y le da un beso y le pide que se acueste a su lado. Y ella ha comprendido que se terminó la conversación y aunque esperaba más, se acuesta junto a él y ven una película hasta que sienten sueño y se despiden.

Al parecer esta bandera roja, dará un poco de trabajo, Carlos parece no aceptar con facilidad ninguna sugerencia y menos si esta hace referencia a su sexualidad. Él se siente un hombre exitoso porque ha tenido cantidad de mujeres en su vida y eso lo hace un semental, según él. Sin embargo, hay cosas que se pueden trabajar para contribuir al mejor desempeño de la pareja.

En la mañana, Carlos se da vuelta y la despierta con un beso y unas cosquillas y entre risas terminan haciendo el amor antes de levantarse y así comienzan el día, con buen ánimo y llenos de energía, él prepara el desayuno, comen juntos y se arreglan para ir trabajar. Al despedirse él dice:

—creo que hoy estaré reunido hasta tarde, entonces te estaré avisando— Le da un beso y se marcha, seguidamente ella también lo hace y cada uno va a desempeñar su jornada. Al llegar al trabajo, Abigaíl recibe un mensaje de Lay, hoy quiere almorzar con ella, entonces quedan en verse a medio día, Abigaíl está emocionada, quiere contarle como le va con Carlos y lo bien que se siente.

Al llegar la hora, se encuentran en el sitio acordado, ordenan su comida y comienzan a charlar, ya saben, esas detalladas charlas de amigas que no dejan escapar ni un solo pormenor. Lay emocionada le dice:

—cuéntame todo, ¿cómo te va con Carlos?—

—estoy feliz, ha sido algo inesperado, bueno no digamos inesperado, más bien no planificado, pero me siento estupenda a su lado. Es muy atento y detallista y hasta el momento todo está fluyendo divinamente. Solo tuvimos un percance hace unos días, pero lo conversamos, así que espero que mejore—

—¿y eso, que sucedió?—

—sabes que cuando me fui de la casa, él me dijo que no se sentía preparado para hablar con mis padres, que hablara yo con ellos y que él luego lo hacía, cuando todo estuviese en calma y estuve de acuerdo, lo hicimos tal cual y posteriormente, organizamos un almuerzo con el propósito de que él hablara con ellos y de nuevo me volvió a lanzar la responsabilidad en el brindis, yo quedé sin palabras, de verdad no me lo esperaba y por supuesto eso desencadenó una discusión con mamá, que ya pudimos solventar y después de eso todo es más simple. Pero de verdad me molestó que no cumpliera el acuerdo—

—bueno amiga, él es así, desde que lo conozco ha sido un poco rebelde, dale tiempo, hace mucho que no está en una relación real y tal vez le da un poco de miedo, deja que las cosas se vayan dando—

—sí, eso pensé y decidí relajarme con eso— Continúan con su almuerzo y compartiendo un buen momento, hasta que llega la hora de volver a la oficina.

De camino al trabajo, Abigaíl piensa en las palabras de Lay donde le dice que Carlos ha sido un poco rebelde y que necesita tiempo y se dice a misma:

—es cierto, voy a tomar esto con calma, dejaré que las cosas se vayan dando— (diálogo interno) Y así todo realmente comienza a fluir.

Que pasen los días, para así llegar al fin de la semana

Pasan meses y todo funciona de maravilla, las familias se han integrado cómodamente y se frecuentan en diferentes tipos de reuniones y de igual manera sucede con los círculos de amigos, todos comienzan a integrarse y a compartir de manera agradable.

Un día Carlos se reúne con Armando, porque desea contarle cómo le va con Abigaíl y sus palabras son satisfactorias y se puede notar en él la admiración que siente por ella. Le dice que realmente ella es mucho más de lo que él esperaba y siente que es la mujer ideal para compartir su vida. La describe como inteligente, atenta, audaz, cariñosa, respetuosa y proactiva, es definitivamente la mujer ideal. Esto hace que Armando, se sienta complacido, lo ha visto por años ir y venir en relaciones infructuosas y esto realmente es algo distinto, Carlos se siente, se ve y se escucha diferente. Mira a Armando y le dice:

—me siento enamorado—Y termina la frase con una sonrisa. De camino a casa, recuerda que están de cumplemes, ya saben, esta nueva moda de celebrar cada mes, como si fuera poco olvidar el aniversario, ahora inventan esta celebración, que ganas de crear conflictos, piensa y sonríe, mientras se detiene para comprarle a Abigaíl, sus chocolates favoritos y una hermosa rosa, quiere agradarla, le encanta ver su sonrisa y la emoción cada vez que él le hace un pequeño detalle, es algo que ambos disfrutan.

Carlos llega a casa y encuentra a Abigaíl estudiando en la habitación y tal cual niño, esconde sus manos detrás de su espalda y le pide que cierre los ojos, porque le ha traído una sorpresa. Ella se emociona, esto le encanta, cierra sus ojos y extiende sus manos y él coloca los chocolates y le da un beso. Ella como siempre, salta de la emoción, se cuelga de su cuello y se lo come a besos, la recompensa que él esperaba. Tal cual par de enamorados, que están en su idilio de amor. Ella lo mira y le dice:

–gracias mi amor, me encantan. Yo te preparé algo para cenar, cámbiate que estaba esperándote para comer juntos– Él se cambia la ropa, se pone algo más cómodo y ella se adelanta para servir y coloca esa deliciosa torta de chocolate en el centro de la mesa, su favorita. Al verla, en su rostro se dibuja una enorme sonrisa y ella lo mira, le lanza un beso y le desea un feliz cumplemes, romance puro. Se respira el amor por todas partes y ellos son felices.

Mientras cenan, Carlos le comenta a Abigaíl, que este fin de semana tendrá un evento social, que será de gala y como siempre quiere que luzca hermosa. Mañana quiere que vayan a comprar un nuevo vestido para ese día, quiere que ella sea el centro de atracción de la fiesta, que cautive miradas. Y le dice:

–quiero que cuando nos vean llegar, la gente comente que tengo una hermosa mujer a mi lado– Esto parece algo tierno, pero si se detienen a prestar atención, pueden notar que es su ego súper alto quien habla. En realidad dice, quiero que vean que yo puedo tener a la más bella, justo a mi lado. Que soy capaz de eso y más.

Pero en realidad ¿a quién no le agradan esos halagos, esos cumplidos, esos detalles? A todos en realidad, así que mañana será día de compras y eso es divertido y muy agradable y será una nueva actividad que compartirán en pareja, entonces a dormir que mañana será un nuevo día.

Se levantan, desayunan y cada uno va al trabajo y al finalizar la jornada Abigaíl le escribe a Carlos para avisarle que ya está lista para ir de compras, acuerdan el lugar para verse y en media hora están ahí, comienzan a ver hermosos trajes y al final se deciden por un hermoso vestido azul con pedrería que la hace lucir realmente hermosa, Carlos la mira y suspira al contemplar su belleza y le dice que sin duda alguna será las más hermosa de la fiesta. Terminan de comprar y Carlos debe continuar con una reunión de trabajo.

Entonces Abigaíl, va sola a casa y continua estudiando y come algo antes de acostarse. Carlos la llama para decirle, que tardará un par de horas, que le avisa al salir.

Como ha sido un largo día, Abigaíl se da un baño caliente y se queda dormida. Carlos llega un poco antes de lo acordado y al entrar a la habitación, la ve dormida y la despierta con un beso y le dice:

—quise venir y estar contigo. Voy a ducharme y regreso para que durmamos juntos— Ella lo besa y sonríe y continua durmiendo, hasta que él regresa, se acuesta a su lado y la abraza, y se duermen juntos.

Carlos, se siente como no se había sentido nunca, se siente feliz, pleno y con ese inusual deseo de volver a casa, que hace muchos años que no sentía y hasta el momento, le gusta lo que siente, de igual forma a Abigaíl.

Derroches de placer

Es el día del evento y Abigaíl va al spa para atenderse ese día, al regresar a casa, Carlos prepara algo para cenar, comen y él se ducha para comenzar a vestirse. Cuando Abigaíl está lista, va a mostrarle y él queda enamorado, parece una princesa y eso lo hace sentirse un ganador, el hombre que se ha ganado a la mujer más bonita. Hoy será una gran noche.

Llegan al lugar y hay mucha gente nueva y esto para Carlos es estupendo, les presentará a la mujer que lo tiene enamorado y hoy lo hará con mucho orgullo, es sin duda una hermosa mujer y la presenta con una gran sonrisa en su rosto. Sus conocidos y socios están encantados de conocerla. Abigaíl sonríe amablemente y es agradable con todos. Y dan paso a una noche de disfrute, bailan, comparten amenamente y disfruta de cada momento de la noche, entre risas y anécdotas, pasan una agradable velada. Para finalmente regresar a casa complacidos y descansar.

Aquí todo marcha a pedir de boca y este par de enamorados han permitido que sus vidas fluyan y tomen un cauce en común. Ya comienzan a plantear proyectos juntos, a planear viajes, a organizar tiempos para los dos. En esta oportunidad Carlos desea irse a la montaña por dos semanas, buscará la información para hacerle la invitación a su amada Abigaíl. Al tener todo arreglado, le dice que prepare todo en su trabajo, porque en un mes se irán de paseo. A ella le encanta la idea y de inmediato, hace los arreglos pertinentes en la oficina para dejar todo arreglado en los siguientes días.

Llega el día pautado y Carlos le da una sorpresa, la llevará a Europa y esto la hace feliz, esto será un gran momento como todos los que han disfrutado hasta ahora. Será una maravillosa experiencia y un gran gesto para continuar fortaleciendo la relación. Los familiares los acompañan al aeropuerto para tomar su vuelo y los despiden con gran emotividad.

Al llegar, todo es hermoso y comienza un magnífico viaje de placer, lleno de amor pleno, conocen diferentes lugares, toman fotos, hacen el amor, se disfrutan, prueban diferentes tipos de comidas y envían videos a la familia, un sueño hecho realidad para los dos, viven una gran aventura. Y llega el momento de regresar a casa, satisfechos y con enormes sonrisas, compran recuerdos para todos, para llegar con un pedacito de su viaje y compartir con los más allegados.

Pasadas unas semanas del regreso del viaje, Abigaíl tiene un malestar particular, náuseas y dolores de cabeza y esto hace que Carlos piense que puede estar en cinta, así que de inmediato la lleva al médico, para vislumbrar su inquietud. El médico solicita diferentes estudios de rutina, entre esos la prueba de embarazo, pero al llegar los resultados este arroja un resultado negativo. Ellos no están planificando un bebé, entonces esto los deja tranquilos.

Pero, ¿recuerdan a ese Carlos que le teme al compromiso? Una alarma se ha activado en él y pronto la veremos exteriorizarse. Ellos hablaron de tener hijos, pero no ahora, no en este momento y ambos estuvieron de acuerdo con eso. Pero este falso positivo, lo ha hecho sentir al borde de una responsabilidad que no está listo para asumir en estos momentos y tal cual detonante, esto hace se genere una emoción de inseguridad y miedo, que traerá en consecuencia una nueva conducta, que probablemente se acentué con el tiempo.

Regresan a casa, Abigaíl con su respectivo tratamiento para su proceso viral y todo en orden, se toma dos días en la oficina, para recuperarse. Y después de eso reunirse con sus amigas y contarles como estuvo el viaje.

Época decembrina

Es navidad y en su primer año, serán los anfitriones de los eventos familiares, ambos están emocionados de que las familias se reúnan en su casa por primera vez, así que desde muy temprano comienzan las compras, la decoración, la selección de la música y cada detalle. Abigaíl está de vacaciones y puede encargarse de todo sin problemas, mientras que para Carlos, es una época de mucho trabajo en sus negocios, pero aun así saca tiempo para compartir y ayudarla. Se toma un día para ir de compras con ella y participar en la elección de los postres y comidas, juntos lo hacen genial. Contratan un decorador y este hace que la casa se vea hermosa y muy acogedora, los invitados quedaran encantados, será una gran reunión.

Dos días antes, la familia de Carlos llega a casa para colaborar con Abigaíl y participar de manera tal, que la navidad se extienda un poco más y poder disfrutarla al máximo. Suena la música y todos juntos comienzan a preparar comidas, Abigaíl se siente feliz, le encanta esto y a la familia de Carlos también, ella les ha resultado muy agradable y por eso han ido a colaborar con ella, además de poder estar en familia. Mientras todos están en la cocina, Abigaíl va un momento a la habitación y se cruza en el pasillo con la mamá de Carlos y esta le hace un bonito cumplido, le dice:

—gracias por todo esto, me alegra muchísimo poder estar viviendo esta experiencia, Carlos es el único varón y creí que nunca viviría esto, pensé que se quedaría solo y verlo tan feliz me llena por completo— Se acerca y le da un gran abrazo. Un momento muy emotivo. Abigaíl, la mira y le dice:

—tu hijo me hace feliz, me hace sentir amada y yo hago lo mismo con él, lo amo demasiado y me complace tenerlos aquí en casa, se lo importante que son ustedes para él— Vuelven con todos a la cocina y continúan con la preparación y Abigaíl, ha sacado una botella de vino para brindar con ellos, por darle un espacio especial en su familia. Chocan las copas y entre risas termina de transcurrir el día.

Cuando se acerca la tarde noche, Carlos llama a Abigaíl para decirle, que está por salir a casa y le dice que llevará pizzas para la cena, llegará en media hora tal vez, ella le dice estar de acuerdo, lo espera entonces con la cena.

Al llegar a casa y ver aquel escenario tan cálido y familiar, Carlos se siente pleno, se siente feliz. Abigaíl se acerca para recibirlo y ayudarle con las cosas. De verdad le encanta lo que ve y la mira con la satisfacción de saber que hizo una buena elección. Todos se acercan a la mesa y mientras comen, comienzan a contarle a Carlos todo lo que han hecho y lo rico que va están quedando los postres y las comidas. Él tiene una espléndida sonrisa, se acerca a Abigaíl y le da un beso y al oído le da las gracias. La cena termina de manera agradable y todos se van a sus habitaciones para descansar, mañana deben continuar con los preparativos, para el tan esperado día.

Ya es navidad y todos están vistiéndose y arreglando detalles para que la foto familiar sea un agradable recuerdo. Carlos se siente contento y Abigaíl muy satisfecha con el trabajo de todos, cada uno ha aportado un granito de arena y todo se ve, como fotografía para revista. Hoy vendrá la familia de Abigaíl y de seguro también les encantará.

Ya todo está listo y comienza la celebración, llega la familia de Abigaíl y su mamá la felicita, porque todo ha quedado hermoso. Ella ha traído su famoso panetón y su imperdible ensalada dulce, esta noche promete y todos están de buen ánimo para disfrutarla. Una vez todos reunidos, Carlos se acerca con unas botellas de vino y le pide a una de sus hermanas, que busque copas para todos, porque propondrá un brindis. Abigaíl, lo mira con cara de sorpresa y él le sonríe y le hace un gesto como diciéndole, ¡tranquila, no pasa nada! Ella no se lo esperaba, pero ayuda a la hermana de Carlos con las copas.

Servido el vino, él levanta su copa y sonriendo les dice:

—es una fecha muy especial y me siento realmente satisfecho y pleno, de poder contar con la presencia de cada uno de ustedes, gracias a cada uno de mis familiares, por apoyar a Abigaíl y hacer todo esto posible y gracias a mi nueva familia, por venir y acompañarnos a celebrar tan importante fecha. Hoy quiero confesar que me siento orgulloso de haber elegido a esta maravillosa mujer como compañera, la amo y hoy celebro el simple hecho de tenerla a mi lado. Salud— la toma de la mano y le sonríe y se acerca para darle un beso. Todos aplauden y brindan por la felicidad y el amor. Y así comienza una amena celebración.

Toda la noche se desenvuelve entre bailes, fotos, videos, regalos, comida y mucha alegría. Llegando el amanecer, cuando ya todos están agotados y quieren ir a dormir, Carlos le dice a Abigaíl que quiere ir a dormir con ella, ya se siente cansado, ella le dice que organiza un poco y se va con él, entonces él se ofrece a ayudarle para terminar más rápido y así acostarse juntos. Al terminar se duchan rápidamente y van a la cama. Cuando están acostados en la intimidad de su habitación, él la abraza y mirándola a los ojos, le da las gracias por ser tan especial con él y su familia y le hace saber lo feliz que se siente por tan agradable noche, la besa y le desea un buen descanso.

—te amo, descansa también—Y se duermen, fue un día bastante largo.

Cuando todos se levantan, se reúnen en la cocina para desayunar y probar el pastel de carne con la famosa ensalada de Neyla, para luego ver películas el resto del día y compartir sobre las anécdotas del día anterior y como han disfrutado la estadía en casa de Carlos y Abigaíl, ha sido una excelente e inolvidable navidad. Esperan que la fiesta de fin de año sea igual o mejor de divertida. La familia de Abigaíl se despide, agradecidos por la atención y Carlos los acompaña hasta la salida, dándoles las gracias por haber sido parte de la celebración. Finalmente todos se reúnen en la sala para ver películas el resto de la tarde.

Carlos va a la habitación y le pide a Abigaíl que lo acompañe un momento y al entrar le dice que desea hacerle el amor, que hoy está enamorado de ella y quiere tenerla en sus brazos, la toma la besa y la acaricia y esta vez se toma un poco más de tiempo tal y como ella se lo pidió y ella lo disfruta al máximo, pueden sentirse amados y en entrega total, se sienten felices y lo están saboreando. Se quedan un momento tumbados y abrazados, sintiéndose el uno al otro, se arreglan y salen para compartir con todos la película y así disfrutan lo que resta de la tarde, antes de todos se marchen.

Pasan los días y la fiesta de año nuevo es mucho mejor, todos disfrutan y comparten y crean buenos momentos para recordar y ahora dan paso a un nuevo año con muchos proyectos y deseos por alcanzar.

Un nuevo año

De vuelta a la rutina, comienza un nuevo proyecto para Abigaíl en su trabajo y nuevos negocios para Carlos, quien ha quedado en reunirse con Armando, que le trae una propuesta de negocios y solo quiere escucharlo para ver su idea y decidir si se apunta con él o no. Quedan en verse en la oficina de Carlos después del almuerzo.

Armando llega y antes de comenzar la reunión, hacen una entrada cordial y este le pregunta por Abigaíl, para saber cómo van las y Carlos saca sus teléfono para mostrarle las fotos del viaje y las de navidad y que la evidencia hable por si sola. Armando al ver las fotos se emociona un poco y le hace una pregunta a Carlos

—¿piensas casarte con ella? Parece ser todo lo que un hombre pueda desear—

—sabes que nunca me he casado y aunque ya hablamos de eso, no hemos puesto una fecha—

—obviamente ella no puede poner una fecha si no hay propuesta de tu parte—

—es cierto, pero aun no me siento listo—

—¿qué más te hace falta para estarlo?—

—no lo sé, tiempo tal vez—

—recuerda que el tiempo perdido, hasta los santos lo lloran, es una gran mujer, ama a tu hijo, a tu familia y evidentemente a ti—

—lo sé, la he visto y todo lo hace bien, con dedicación, es tan inteligente la verdad—

—no esperes tanto, es solo un consejo—

—lo consideraré amigo, gracias por eso—

—bien, dicho esto, ahora vamos a lo nuestro, por lo que vine— Armando le hace una propuesta de negocios, pero Carlos dice que lo va a pensar, al parecer no está muy convencido, no conoce bien esa área y hasta los momentos le gusta lo que está haciendo, por lo que acuerdan una nueva reunión para escuchar la decisión de Carlos y saber si el negocio se llevará acabo o no. Armando se retira y ha dejado a Carlos un poco pensativo con respecto a casarse con Abigaíl, no lo había considerado como para que suceda ahora mismo. Entonces llama a una de sus hermanas para conversar sobre eso. Y quedan en verse, al finalizar la tarde.

Termina su día de trabajo y antes de ir a casa le avisa a Abigaíl, que pasará por casa de su hermana Andrea un momento y luego llega a casa. Al llegar a casa de su hermana, le dice que hay algo sobre lo que desea conversar y quiere saber cuál es opinión al respecto, ya que es un tema de suma importancia y que lo ha dejado un poco movido. Ella lo invita a la cocina y le prepara un café y le dice:

—claro dime, ¿en qué puedo ayudarte?—

—mira, hoy tuve una reunión con Armando y me ha hecho pregunta que me ha hizo ruido. Me ha preguntado cómo me va con Abigaíl y yo le he mostrado las fotos del viaje y las de navidad, él por supuesto ha quedado encantado y me ha preguntado si yo pienso casarme con ella y la verdad eso lo conversamos al principio de iniciar con la relación y hemos quedado en si queremos casarnos, pero no tenemos ningún apuro—

—¿y cómo puedo ayudarte con eso? No puedo decidir por ti. Ahora si lo que quieres es que te diga que me parece ella y si me parece que sería una buena compañera de vida, pues con respecto a eso, si puedo darte mi punto de vista, pero aun así, es tu decisión—

—claro dime, vine para escucharte—

—a mi parecer es una mujer muy inteligente, agradable, divertida y muy atenta, incluso con nosotros ha sido muy detallista y nos ha hecho sentir en familia, aunque no tienen un papel firmado, llevan un ritmo de vida bastante agradable por así decirlo y me parece una mujer responsable y madura. Creo que un matrimonio para ella, sería más bien como una celebración, porque hasta los momentos se ha mostrado bastante comprometida con la relación y todo lo que esto conlleva, sobre todo atiende a tu hijo sin quejarse y lo hace de buena manera—

—lo sé, es buena en todo lo que hace y siento que la quiero mucho, pero no sé si estoy preparado para dar ese paso aun—

—a ver ¿cuál sería la diferencia entre estar casados y continuar como están ahora?—

—ninguna, pero no quiero amarrarme a nadie—

—Carlos estamos en pleno siglo XXI un divorcio sale casi que en 24 horas y no veo a Abigaíl haciendo teatro frente a un divorcio—

—es probable, voy a pensarlo, estoy esperando concretar un negocio con José Leonardo a mediados de año, de ser así, compararé una nueva casa y le propondré casarnos—

—no lo pienses tanto, es una gran mujer—

—eso mismo me dijo Armando—Le da las gracias a Andrea por haberlo escuchado y se marcha a casa, donde Abigaíl lo espera para cenar.

Al llegar, la cena está lista y Abigaíl está esperándolo para darle buenas noticias, hoy le han propuesto llevar su programa a un nuevo nivel, ahora quieren tener alcance nacional y esto sería muy bueno para ella, está muy emocionada y esto lo contenta. La felicita y le desea mucho éxito y le dice que cuenta con él para lo que desee. Hacen un pequeño brindis y terminan de cenar, mientras que la cabecita de Carlos da vueltas sin parar, se siente inquieto con eso de la boda y aun no se ha dado, pero sumado al falso positivo y a una posible propuesta de matrimonio está asustado y parece querer salir huyendo, como lo ha hecho anteriormente. Quiere dejar que todo fluya, así que continúa con su vida.

*No podemos cambiar el comportamiento
de nadie y menos si este no ve
nada malo en lo que hace.*

———————
María Fernanda Prieto

ESCENA VII

Cambios que sacuden

Se acerca el cumpleaños de Carlos y Abigaíl, quiere preparar algo para compartir en familia y con sus amigos más cercanos. Entonces organiza una parrillada en casa y Carlos debe encargarse de participarles a los amigos, que él desea que estén ese día acompañándolo. Será algo pequeño y sencillo y las hermanas de Carlos, le ayudarán con los preparativos, serán unas veinte personas. Así que Abigaíl comienza a darle forma desde ya, para que todo esté listo y no falte nada. Hace una lista: pastel, carnes, ensaladas, quesos, bebidas, postres, música y así otros elementos que harán de ese día un compartir placentero.

Al llegar el día, ella lo sorprende con un delicioso desayuno y un babycake para cantar el cumple los dos a solas y le regala un reloj que a él le había gustado, hacen el amor antes de que ella salga buscar a las hermana de Carlos para arreglar todo. La decoración está lista, el pastel ha llegado, Carlos se baña y se viste y le comunica a Abigaíl, que irá al sitio de reuniones de sus amigos, para invitarles. Ella lo mira y le dice:

—creí que ya les habías participado—

—no, no lo hice, pero da igual, ahora mismo comparto un rato con ellos y luego regreso y compartimos aquí—

—está bien amor, te espero, terminaremos de arreglar todo—

—claro que si cielo, te aviso cuando venga con ellos— Carlos se despide y Abigaíl, queda a cargo de todo lo que falta, para esa noche. Una vez que todo está listo, las chicas se bañan y ella las maquilla, para luego arreglarse ella.

Pasan las horas y Carlos no se ha comunicado, ya sus sobrinas comienzan a inquietarse y como toda niña, comienzan a pedir comida, entonces Abigaíl, prepara algo rápido para que las niñas coman. Ella sigue esperando, ya que Carlos le dijo que él le avisaría cuando estuviese de regreso. Pero ya han pasado cinco horas y nada, entonces decide marcarle y al responder puede darse cuenta que está un poco tomado y esto le resulta molesto y le pregunta:

—¿está todo bien?—

—si amor, estoy con mis amigos, celebrando mi cumple—

—Carlos, ¿qué rayos te sucede?—

—cálmate amor, ven para acá con nosotros—

—¿cómo que vaya para allá, si todo está aquí? ¿Además tu mamá, tus hermanas y tus sobrinas están aquí, lo olvidas?—

—no importa tráetelas—

—¿Carlos y que hay de celebrar en casa?—

—no te preocupes cielo, traigan todo para acá— Abigaíl, está muy enojada y triste ahora y solo quiere llorar, Magdalena , una de sus cuñadas, escucha un poco la conversación y se acerca para preguntar qué sucede y Abigaíl le explica la situación, pero está enojada y no sabe qué hacer. Ella le pide que se calme un poco y que vayan hasta donde está él, pero Abigaíl está en desacuerdo.

Carlos llama de nuevo para saber si ya salieron, pero siente que Abigaíl está molesta y le pide que se calme y le dice:

—si no quieres venir está bien, yo termino aquí y me voy—

—¿por qué me haces esto? Yo te pregunté si querías celebrar aquí y estuviste de acuerdo.

—es cierto amor, pero aquí están mis amigos y quiero que vengas— Ella cuelga de nuevo el teléfono y Magda, le pide que respire profundo, que no discuta con él si está ebrio, que vayan hasta el lugar y mañana lo conversan cuando él esté en condiciones. Abigaíl se relaja un poco y se cambia de ropa para ir al sitio, le pide a Magda que lleve solo la torta y salen para encontrarse con Carlos.

Al llegar, se encuentran con Eduardo y las acompaña hasta donde está Carlos, Abigaíl y las hermanas de Carlos al igual que su mamá, quedan impresionadas al ver el sitio, es un bar común y corriente, con el piso rustico y al aire libre, hay muchos hombres y mujeres ebrios y fumando y eso les resulta bastante desagradable, no esperaban que Carlos estuviera en un lugar como ese y menos que las invitara a ir.

Encuentran a Carlos y este se acerca para recibirlas, Abigaíl está muy seria y en las caras de todas se puede notar el descontento, aun así él las abraza y les presenta a sus amigos, ellas solo se sientan y permanecen casi inmóviles en sus sillas, hasta que la noche por fin acaba. Carlos está empeorando porque continuo tomando y Abigaíl le dice que ellas quieren irse, que él puede quedarse si así lo desea, pero que en realidad, ese no es lugar para ellas y mucho menos para las niñas. Carlos le dice que entonces él también se va.

Al llegar a casa, Carlos está muy tomado y al abrir la puerta y ver todo decorado, toda la comida en la mesa, la bebida, todo, la mira y le dice:

—mañana celebramos nosotros— Ella hace un gesto de desagrado y lo deja hablando solo, está muy molesta y él demasiado ebrio como para tener una conversación. Entonces él regresa al carro para escuchar música, mientras la llama al celular y ella ignora cada llamada apagando el teléfono, ahí pasa dos horas aproximadamente, hasta que ella sale de la habitación a buscarlo, para que vaya a dormir. Está muy triste, pero no quiere verlo así, le resulta molesto.

Cuando van de camino a la habitación, ella no habla para no generar ninguna conversación, pero él sin embargo tiene algo que agregar, se detiene y le pregunta:

—¿estás molesta?— Ella se queda en silencio y el vuelve a repetir la pregunta:

–¿estás molesta?–Y nuevamente deja la pregunta en el aire. Y él la mira y le dice:

–quiero que sepas que esos son mis amigos y mis amigos siempre van a estar antes que tú– Esto la hace sentir terrible, se siente humillada y desplazada y siente que su esfuerzo y su gesto no solo no fueron tomados en cuenta, sino que además él se burla de ella. Se acuestan, pero ella le da la espalda y llora en silencio, ha sido duro, no solo con sus palabras, fue mucho más duro con sus acciones y esto no se lo esperaba de él.

Al día siguiente puede sentirse la tensión en casa y al salir de la habitación, él solo la mira y le pregunta si puede servirle el desayuno, ella no le responde, pero inmediatamente le sirve y nadie dice ni una sola palabra. Todos se levantan de la mesa y lo dejan desayunar solo. Magda, le pide a Abigaíl que por favor las regrese a casa, porque es muy incómoda la situación, arreglan todo y ella las lleva. En el camino, Lisa la mamá de Carlos, le pide que no vayan a discutir, que si es posible mejor lo conversen mañana. Carlos ha tenido antecedentes de violencia doméstica y ellas no quieren que eso se vuelva a repetir. Abigail solo les dice, que no esperó nunca un desplante así de Carlos y menos que la colocará después de sus amigos, como se lo dijo ayer.

Al regresar a casa, Carlos simplemente le dice, que hoy no quiere hablar sobre nada, solo quiere descansar y nada más.

Aquí tenemos el brote de una nueva bandera roja, ese agresor que hay en Carlos, está aflorando de forma pasiva, lo ha hecho al ignorar el esfuerzo de Abigaíl por organizarle su fiesta de cumpleaños, en una segunda oportunidad al decirle, que sus amigos están primero que ella y lo vuelve a hacer, al silenciarla.

La personalidad pasivo-agresiva o negativita fue un concepto descrito por primera vez por el psiquiatra alemán Whilhem Reich en 1949, momento en el que se reconocía como la personalidad más prevalente. No obstante el termino pasivo-agresivo fue acuñado unos años antes, en la II Guerra Mundial, por el ejército americano, para describir, el problema que generaban, un cierto tipo de soldados inmaduros que no toleraban el estrés militar" Fue introducido como trastorno de la personalidad por el DSM I en 1952, sin embargo desde el DSM V dejó de ser considerado un trastorno de la personalidad especifico, pasándose a considerar un cuadro que tan solo puede acompañar a otros trastornos mentales, especialmente de las áreas obsesivas, borderline, depresiva, fóbica y dependiente.

Es una de las personalidades más difíciles de identificar, debido al disimulo con que se presenta, de hecho es más sencillo identificar la reacción que provoca en uno mismo, que lo que en realidad se muestra" (Sergio Olivero Calvo junio 2018)

Si nos volvemos unos años atrás y revisamos un poco la infancia de Carlos, encontramos que fue un niño, víctima del abandono desde el vientre de su madre y que presencio actos de agresión, incluso antes de su nacimiento y durante su niñez creció viendo como su padre golpeaba y humillaba a su mamá, hasta que él un día se hizo grande y a sus 12 años decidió enfrentarlo cuerpo a cuerpo y esto sin duda, va en contra de todo lo que te enseñan que debe ser el respeto por tus padres, las circunstancias lo llevaron a romper cada regla aprendida, e incluso a ir en contra de su amor hacia su padre.

Solo vio un papá, lleno de vicios, que aun estando presente, era un papá emocionalmente ausente, un papá muy duro y con dificultad de mostrarles afecto, ya que para él, querer era sinónimo de debilidad y los hombres deben ser fuertes y duros. Mientras que su mamá que siempre dijo amarlo, sufriendo y llorando lágrimas de sangre, para estar a su lado. Carlos siempre repitió una célebre frase que su papá siempre decía:

—"por cada siete mujeres hay un hombre, así que debemos atenderlas a todas"—

Cuando Carlos cumple 16 años de edad, su papá decide irse de casa, sin explicación alguna, de nuevo sufre el abandono de esa persona a la que tanto ama y venera. Se marchó con otra mujer y unos hijos que no eran de él y Carlos no lo podía comprender, ¿por qué ha preferido a otros hijos que a él y sus hermanas? Solo puede sentir ese profundo vacío e inmenso dolor y un enorme miedo, que lo dejó sin saber qué hacer. Y luego mamá, da un mensaje un tanto complicado que lo confundió aún más, cuando a pesar de los maltratos, abusos y fallas, recibió de nuevo a papá en casa, para vivir separados bajo el mismo techo, hasta el día de su muerte, dejándola viuda. Pero esto es lo que ha aprendido este joven, sus lecciones vividas han sido:

Quien ama, sufre

Quien ama, soporta

Amar es para los débiles

Por cada siete mujeres, hay un hombre que está en el deber de atenderlas a todas

Debo ser igual a mi papá para que me ame

Son duros aprendizajes, que hacen parecer que el amor duele y que cuando las cosas se ponen difíciles, salir corriendo es la mejor opción. Tantas ausencias y maltratos, hicieron de Carlos un hombre duro y casi inaccesible, que hoy en día huye del amor, para no ser el débil, que sufre como mamá y se refugia en el alcohol y en las mujeres para honrar a papá. Por esto antes de emitir un juicio, pregúntate ¿A qué se deberá dicha conducta? Te aseguro que todas tienen una razón de ser.

La agresividad silenciosa es mucho más común de lo que nos imaginamos. La encontramos en las relaciones laborales, entre amigos y por supuesto, en la pareja. Es el resultado de diversos factores: conflictos de autoestima, sensaciones de abandono en la infancia, habitualmente de la madre, de conductas aprendidas. (Pilar Jericó, 2017)

La agresividad, es el resultado de la frustración y el silencio ante el maltrato, el abandono y el miedo que estos generan en una persona. No con esto quiero decir, que la conducta de Carlos deba ser aceptada, pero si comprendida, sin embargo, esto no tiene nada que ver con permanecer a su lado si el comportamiento persiste, solo que no debe ser juzgado, sino tratado por profesionales de la salud, para poder sanar sus heridas emocionales y así dar paso a establecer relaciones sanas.

Cuando estos cambios comienzan a presentarse, Abigaíl comienza a indagar sobre el pasado de Carlos y descubre ciertas cosas que la impresionan y la ponen a dudar de quien entonces es su compañero, ¿Quién es ese hombre amable, detallista, cariñoso, atento? ¿con quien ella vive? No se parece a ese del que su familia le está hablando. Y en su búsqueda de respuestas, encuentra muchas piezas, que parecen comenzar a armar el rompecabezas.

El de ayer era otra cosa

A medida que pasan los meses Carlos da otras señales de que algo está mal en él y esto está afectando la relación. Se ha mostrado un poco rebelde, algo que comúnmente hacen las personas que sienten estar perdiendo el control. Él mismo no sabe identificar que le sucede, pero todo se resume a que se está conectando emocionalmente con Abigaíl, de una manera que no lo había hecho antes y esto lo asusta, porque corre el riesgo de querer estar con una solo con ella y esto sería, literalmente dejar su vida en manos de una sola persona y confiar en ella a ojos cerrados y en su experiencia, eso trae como resultado la traición y el abandono y tal vez en este momento, no está dispuesto a hacerlo.

Hay un deseo en él, de vivir a plenitud la felicidad y entregarlo todo en esa relación, mientras que por otro lado le hace frente a una guerra interna, porque entregarse a la relación, iría en contra de lo que su padre a lo largo de su vida le enseñó, que era no consagrarse a una sola mujer, porque eso es debilidad. Aunque no se vea en su rostro, hay una lucha en él, entre lo que quiere ser y lo que debería ser para seguir honrando a papá y garantizar su aprobación, a pesar de su ausencia física. Él hace hasta lo imposible por obtener su reconocimiento y con una persona ausente, esto es algo difícil de lograr.

Llega el cumpleaños de Abigaíl y Carlos quiere sorprenderla, organiza una cena fuera de casa, con las familias y pide que decoren el lugar, con las tan deseadas rosas rojas que tanto le gustan a ella. Por supuesto al llegar al sitio y encontrar a su familia y amigos y todo eso arreglado para ella, se sorprende y se emociona demasiado, justo lo que Carlos buscaba, verla contenta, feliz y sonriendo, eso le encanta, es algo que disfruta hacer y contrariamente, es a lo que tanto miedo le tiene. Ella le da gracias por tan hermosa sorpresa y disfrutan de esa noche con todos los presentes. Un hermoso gesto que los llena de satisfacción. Pero es algo que no se mantiene, como todo bombardero de amor, da recompensas y luego las retira, para generar ansiedad en ella.

Pasadas unas semanas, todo marcha con total normalidad, pero de la nada se presenta una discusión con Eduardo y ha sido algo que se ha salido de control, se han ido a las manos y Abigaíl ha tenido que intervenir, hasta lograr controlar la situación, pero quedando un poco movida al ver esa escena. Supo manejarla de momento y ahora está esperando que Carlos esté calmado, para poder conversarlo con él, con tranquilidad. Entonces, pasados dos días, lo aborda sutilmente, y le dice:

—amor, no puedo evitar pensar en lo que sucedió con Eduardo hace un par de días y solo quiero recordarte, que el respeto debe ser bidireccional, incluso siendo tu su padre, le debes respeto como ser humano, como persona y eso no tiene nada que ver con las jerarquías—

—no quiero hablar de eso—

—lo sé, pero hay conversaciones que son necesarias y hay comportamientos que no son sanos y pueden ser modificados, por el bienestar de todos. Solo quiero pedirte que no abuses con tu poder y que respetes a Eduardo, para que él haga lo mismo contigo—

—ok— Es lo único que Carlos dice y se levanta. Abigaíl respira profundamente y solo espera que esto no vuelva a repetirse.

Pero aquí vamos de nuevo con una bandera roja que revive desde el pasado. Este evento ha sido la gota que derramó el vaso y ha creado una fisura mental en Carlos, por la cual se pueden colar muchas conductas aprendidas. Revisemos el escenario con calma y veamos cómo hay patrones repetitivos, que están en el inconsciente, que hasta no ser identificados y ser trasladados al consciente, no sanarán. Descodifiquemos esta escena para poder comprender un poco el comportamiento de Carlos y verifiquemos un detalle, que explicará donde está la repetición de dicho esquema.

Carlos, tuvo una relación particularmente inestable con la mamá de su hijo Eduardo, durante 15 años y en esta relación, se comportó tal cual como papá le había enseñado que debía comportarse un hombre fuerte, hubo mucho maltrato físico y Eduardo fue testigo de todo esto, igual que lo fue Carlos en su infancia, no olvidemos que Carlo al crecer, enfrentó a papá y es justo lo que acaba de suceder en esta escena que leímos con anterioridad. Ahora Carlos mueve los roles en su cabeza y él pasa a representar a su papá, Eduardo toma su lugar y Abigaíl el de su mamá, cambiando su papel de esposa, por el de madre en el inconsciente de Carlos, donde hubo un drástico cambio de roles, que al no ser atendido, traerá graves consecuencias.

Tenemos entonces un esquema repetido, donde papá es un maltratador, Carlos también lo es y finalmente Eduardo, tenemos un modelo aprendido que no ha sido identificado y mientras algo no se reconozca o descubra, no puede ser tratado. ¿Pero qué sucederá ahora con la conducta de Carlos?

Para Carlos este evento ha sido un detonante, que ha enfatizado un comportamiento aprendido y a continuación lo revisaremos hablando un poco sobre el Madonna Whore Complex.

Esta idea fue teorizada por Sigmund Freud, el padre del psicoanálisis, a comienzos del 1900 mediante estudios psicológicos de la sexualidad.

Freud, plantea la idea de que muchos hombres tenían dificultad para respetar una mujer en la que podían ver reflejados sus deseos sexuales, mientras que no se sentían atraídos por una que amaran o respetaran.

El Madonna Whore Complex o Complejo de Santas y Putas, nos muestra una dicotomía diseñada bajo el supuesto de que aquellas mujeres merecedoras de respeto, las esposas o madres, castas, las

Madonnas o Santas, no son vistas como seres sexuales. Mientras que aquellas que sí son deseadas sexualmente, son promiscuas, avergonzantes y pecadoras, las Whores o Putas. Estos conceptos bajo el sobreentendido de que una mujer no puede presentarse con ambas cualidades, la misma debe quedar clasificada en una u otra casilla porque no muestra como posibilidad conceptualizar una mujer más allá de estas dos categorías. P. Reixach (2021)

Lo que significa que para Carlos su amada Abigail, ahora ha pasado a jugar el papel de su madre y der ser pura y merecedora de amor y respeto y consecuentemente ha dejado de ser objeto de deseo, esto desatará una guerra interna que lo pondrá en una encrucijada y vendrá acompañado de comportamientos inesperados, que les jugaran una mala pasada, mientras continúan avanzando.

Del amor al dolor

Ahora que se siente más comprometido, porque el tiempo avanza y la relación pide ir al siguiente nivel, comienza a tener comportamientos que ponen en riesgos la estabilidad y el compromiso. E inician nuevos eventos que los ponen en descontento y crean un ambiente conflictivo.

Es fin de semana y uno de los amigos de Carlos está de cumpleaños, pero en esta oportunidad no ha invitado a Abigaíl, solo le dice que irá y aunque a ella le llama la atención, simplemente respeta su espacio y le desea una buena velada. Pero para no quedarse sola en casa, ha quedado en verse con unas amigas ese mismo día y así relajarse un poco. Al llegar el día de las reuniones ambos se visten y se marchan cada uno por su lado y esto hace sentir un poco incomoda a Abigaíl, pero piensa que también es algo normal que tenga actividades por separado.

Ya transcurridas las horas, Carlos le marca para ver saber cómo va y le dice que le gustaría que al terminar con sus amigas, pase y comparta un rato con él y sus amigos y así quedan y en un par de horas más se encuentran en la reunión. Como siempre hay alguien nuevo que conocer y Abigaíl de manera cordial se presenta y todos comienzan a preguntarle sobre su trabajo, ya que Carlos no para de hablar de lo bien que le va. Y así se diluye la noche de manera tranquila, hasta que Abigaíl, le comunica a Carlos, que se siente cansada y quiere irse a casa, que lo espera allá cuando él guste irse. A Carlos le ha parecido bien quedarse un rato más con sus amigos. Por lo que se queda en la reunión hasta que esta finaliza y se dispone a regresar a casa. Al llegar Abigaíl duerme, entonces en silencio, se acuesta a su lado.

Al día siguiente, ella se levanta primero y nota que el teléfono de Carlos está vibrando insistentemente, pero es un número desconocido y repentinamente aparece un mensaje en la pantalla que dice:

–te fuiste sin avisar y quede preocupada– Esto le genera un salto en el estómago como con un poco de nervios, pero deja eso así y se levanta a preparar el desayuno.

Cuando Carlos se levanta, está un poco serio, le da los buenos días, pero sin el beso. Y ya sé que están pensando, que es solo un beso, pero los pequeños cambios de conducta, traen ocultos una montaña de sorpresas. Ella le pregunta como terminó de irle y él dice que se fueron a casa de uno de sus amigos y allá terminaron la celebración. Ella solo le dice que le da gusto, que todo saliera bien.

Como es domingo, es día de ver películas y no hacer mucho. Entonces se duchan y se acuestan de nuevo, pero Carlos, además del beso ausente, hoy particularmente tiene un raro cuidado con su teléfono y ella sabe a qué se debe, pero no quiere abrir una discusión por un simple mensaje, un simple beso omitido y un simple teléfono con la pantalla hacia abajo. No se puede ser tan toxica en la vida, como se dice hoy día. Y así culmina un domingo con tranquilidad.

Ella antes de dormir, le hace una pequeña petición, le pide que por favor no deje de besarla al despertar, ni al acostarse, que para es ella es un gesto muy importante, total de todas las personas en el planeta, al único que puede darle besos en esos momentos específicos es a él, porque con él está y asienta con la cabeza y le dice que ha comprendido.

Comienza una nueva semana, pero Carlos ha tenido reuniones más largas y Abigaíl ha pasado más tiempo sola en casa construyendo su nuevo proyecto. Recibe la llamada de Lay, para invitarlos este fin a su casa, para el cumpleaños de Armando, Abigaíl le agradece y al llegar Carlos, le participa la invitación y él está de acuerdo, Armando ha sido su amigo por años y por supuesto que estará acompañándolo en esa celebración. Hoy

Carlos no tiene mucho que contar, a pesar de que tuvo una larga jornada, dice estar cansado y de la nada le hace una advertencia fuera de lugar a Abigaíl, le dice:

—nunca te aparezca en un lugar donde yo esté reunido, sin avisarme— Ella queda desconcertada y le pregunta a qué viene eso y él solo responde:

—a que no me gustan ese tipo de sorpresas—

—¿y cuantas veces lo he hecho?—

—ninguna, pero lo digo para que no suceda— Ella solo lo observa en silencio y no agrega nada, pero son muchos los pequeños cambios en poco tiempo, son tan pequeños que pudieran pasar desapercibidos y tal cual como se describe al pasivo-agresivo, hacen pensar que quien está actuando es la otra persona y no ellos.

Sin embargo, Abigaíl se ocupa de su trabajo y suelta esa situación. Van a celebrar el cumple de Armando y una vez en ambiente, invita a bailar a Carlos como lo hacen en todas las reuniones y este ha dicho que no quiere. No sé ustedes, pero yo recuerdo a un Carlos que le gustaba que su compañera, fuese el centro de atracción y lucirla desde la entrada y por supuesto en la pista. Pero Abigaíl prefiere pensar que está un poco cansado, por las largas jornadas que ha tenido recientemente. Igual disfrutan de la reunión, compartiendo anécdotas y conversando. Pero ella sabe que él está actuando diferente, solo que no entiende por qué.

Esta semana será la presentación para la nueva propuesta de transmisión nacional y eso la trae bien entusiasmada y dedicada a lo suyo y Carlos ha decidido que en esta oportunidad si la acompañará, quiere estar de cerca para celebrar con ella. Así que al llegar el momento, se van al evento y él se siente realmente orgulloso al verla hacer su trabajo, lo que tanto le apasiona y dejando todo su amor en este escenario. Al finalizar la aplaude de pie y brinda con su equipo de trabajo, haciéndole saber que puede contar con él.

Todo ha sido un éxito el siguiente mes comienza el nuevo rodaje y todo está saliendo a pedir de boca, lo que ella siempre soñó.

Llegan a casa y Carlos recibe una llamada que decide contestar fuera de casa, lo que nuevamente desconcierta a Abigaíl, ella no quiere caer en esto de la confianza, pero él la está generando con estos nuevos comportamientos. Ella le pregunta por qué salió para hablar y él solo le responde que no se escuchaba bien y automáticamente cambia el tema y se lanza sobre ella para felicitarla nuevamente. Pero de verdad ella puede sentirlo diferente. Aun así ella saca esa tonta idea de su cabeza para terminar de celebrar con él y pasadas unas horas, se duermen.

Al despertar, Carlos debe ir a la oficina y Abigaíl ha decidido visitar a su familia, pero han salido juntos y Carlos la ha dejado en casa de sus padres, para luego pasar buscándola e ir a comer juntos. Son conductas tan confusas que a cualquiera le volarían la cabeza. Pero ella acepta, de verdad está feliz y quiere compartir con su familia un buen momento.

Al finalizar en el trabajo, Carlos regresa por ella y se lleva un buen vino para brindar con la familia antes de marcharse, están un rato con ellos y se van para almorzar como habían quedado. Durante el almuerzo le dice, que hoy se reunirá con sus amigos a ver el juego, que quizás regrese tarde. A ella le parece bien y decide quedarse en casa para descansar, tuvo una larga semana y mañana debe ir temprano al spa, se dio ese autoregalo por su respectivo esfuerzo.

Carlos se va temprano, a ver el juego y ella se queda a leer un rato y ver un poco de televisión. Solo que no contaba con que Carlos llegaría con una nueva sorpresa y esta vez, no era agradable. Abigaíl está durmiendo, no se ha percatado de la hora y son las 5:00 am, apenas Carlos está llegando y abre bruscamente la puerta de la habitación, asustándola. Está tomado de nuevo, se para justo a su lado y le dice en vos alta:

—quiero que sepas que no tienes derecho a reclamarme nada, porque yo hago lo que se me venga en ganas y tú te callas y punto— Ella ni siquiera entiende que sucede, solo sabe que está tomado y que no es momento de hablar nada con él. Él la mira y está molesto, se acerca y le dice gritando:

—no te hagas la tonta, ¿por qué no respondes? Porque sabes que tengo razón— Y ella solo asienta con cabeza.

—yo hago lo que quiera y tú no eres quien para meterte en mi vida— Esto la hace sentir bastante mal y confundida, pero piensa que debe ser por la bebida y no se engancha a discutir con él, solo lo invita a acostarse, para que descanse, pero él se vuelve hacia ella y le repite:

—yo me voy a dormir, pero te recuerdo que no te metas en mi vida— Ella se acuesta y espera tranquila hasta que él se duerma, sin emitir ni una sola palabra, en absoluto silencio.

Bajándola del cielo

En la mañana, ella se levanta y sale de la cama antes de que él se despierte, se siente un poco triste por el trato que ha recibido de Carlos, ha sido muy duro y sin razón alguna y de verdad hoy no quiere hablar de eso, él no se levantará aun, entonces decide salir de casa y tomar un café con sus amigas, para distraerse un rato y liberar un poco la tensión. Y ha sido una buena idea, en compañía de las chicas, se divierte y libera energía y si hoy llega a tener la conversación con él, esta se desenvolverá de manera tranquila.

Casi llegando a medio día, Carlos se despierta y le marca, porque no la encuentra en casa y ella le dice que le dejó una nota en la cocina, para avisarle que saldría con las chicas y también para decirle donde está el desayuno. A él no le parece muy agradable y solo le pregunta:

—¿a qué hora vendrás?—

—no lo sé, apenas estamos llegando, en cuanto terminemos aquí, quedé en ir a casa de tu mamá y finalmente a casa. ¿Necesitas algo?— Y Carlos no contesta nada y solo cuelga, ella puede comprender que está molesto, pero aun así continua disfrutando de su reunión y termina pasándola súper bien. La velada llega a su fin y ella va a casa de Lisa, como habían quedado, lleva un postre para compartir y Lisa le prepara un café y conversan un rato hasta que llega el momento de regresar a casa.

Al llegar encuentra a Carlos en la sala, con una cara de pocos amigos, lo saluda sin preguntarle que le sucede, de verdad no se siente de ánimos para entrar en discusión. Le pregunta que hará para almorzar y él le responde de manera tajante:

—¡nada!—

—de acuerdo, ¿te parece si pedimos comida? Es que no quiero salir de nuevo e igual que tú tampoco quiero cocinar— Él la mira con el ceño fruncido, mostrando disgusto y ella se hace la despistada, está evitando el encuentro a toda costa, mientras que él por el contrario lo está buscando con cada palabra y cada gesto. Pero Abigaíl, no le cederá el control, no quiere volver a sentirse igual que en la madrugada. Así que toma su teléfono y lee las opciones de comida, para hacer el pedido y a pesar de que él está en desacuerdo, da su opinión y ella puede hacer la orden. Y así logra que todo se mantenga bajo control, ella sabe que con esa tensión, todo se pondrá peor y no es la idea.

Llega la comida y Carlos ha optado por permanecer en silencio y sin mirarla, generando más tensión, por lo que ella decide salir de su campo visual, de su alcance y se va a dar un baño caliente relajante y se ocupa de ella, se consiente, se lava el cabello, se hace una hidratación facial, se depila, mientras él solo se acuesta a ver la televisión, acompañado de su molestia. Cuando Abigaíl, siente que ya todo está más tranquilo y que Carlos está por hacer una siesta, entra a la habitación y le pregunta si pueden ver un película recomendada y él dice que sí. Entonces ella se acuesta a su lado en silencio, hasta que él se duerme, con la esperanza de que al despertar, esté más accesible.

Y así sucede, él se levanta ya sin resaca y esto es muy favorecedor. Su humor está más agradable y se ha levantado a preparar la cena. Abigaíl respira profundamente, porque ya la tensión bajó casi por completo y en los siguientes días pondrán conversar sin causar más líos.

La comunicación asertiva, una habilidad fundamental para el convivir. Este tipo de comunicación nos permite dialogar con calma y respeto, expresando lo que queremos decir, pero sin herir los sentimientos de las otras personas. Utilizar la comunicación asertiva disminuye los niveles de estrés (no nos sobrecargamos con excesivas responsabilidades, como les ocurre a las personas que no saben decir "no"), nos ayuda a controlar el mal genio y mejora nuestras habilidades de afrontamiento, pues nos permite expresarnos efectivamente, defender nuestro punto de vista, a la vez que respetamos el de los demás." M. González. (2020)

Abigaíl, ha sido asertiva al esperar el momento adecuado para dialogar y que dicha conversación vaya en pro, a mejorar la situación y no a empeorarla. Entonces pasados dos días, con mejores ánimos y grata disposición, al finalizar la cena, ella le dice:

–amor, el fin de semana llegaste un poco tomado y me dijiste algo un tanto incómodo y yo me sentí mal– (si notan el diálogo, ella asume la responsabilidad de su emoción, a pesar de la acción de Carlos)

–¿qué dije?–

–"que tú puedes hacer lo que te venga en ganas y yo no soy quien para meterme en tu vida". Te cito textualmente–

–¿y eso tiene algo de malo? Es cierto–

–obviamente cada uno de nosotros puede hacer lo que desee, porque somos seres individuales, solo que en este momento estamos en pareja y debemos cuidar que lo que hagamos no dañe al otro. Además hay mil maneras de decir las cosas–

–yo no voy a discutir–

–no estamos discutiendo amor, solo quiero pedirte, que midas el efecto que pueden tener tus palabras, por favor. Nosotros estamos juntos para ser felices–

–ok–

–no quiero que nos acostemos molestos, ya eso pasó, solo debemos ser más cuidadosos, para no lastimarnos–

–bien, estoy de acuerdo–Dame un beso y ya no hablamos más de esto. Ella se acerca, le da un beso y se van a la cama, mañana será un día largo para ambos.

Abigaíl, está siendo bastante asertiva, pero esto no significa que la comunicación esté siendo efectiva, son cosas diferentes.

La comunicación efectiva se define, cuando un mensaje se comparte, recibe y comprende sin alterar su objetivo final. Es decir, el emisor y el receptor interpretan el mismo significado. De esta manera, se evitan dudas y confusiones, mientras que se cumplen las expectativas sobre lo que se ha transmitido. (D. da Silva, 2020)

Ahora que comprendemos ambas formas de comunicarnos, podemos ver que no solo depende de cómo sea enviado el mensaje, también es importante como sea traducido por el receptor y esto lo revisaremos más adelante.

La semana amerita de toma de decisiones en el área laboral de ambos y por supuesto esto traerá consigo algunos cambios. Carlos ha decidido no hacer negocios con Armando, no conoce la materia del negocio que él le plantea y no quiere tomar riesgos en estos momentos. Y por otro lado, comienza a rodar la transmisión de alcance nacional de Abigaíl y esto significa, muchas entrevistas en los diferentes medios de comunicación, así que ella estará un poco ocupada, haciendo lo que tanto ama.

Al llegar el viernes, ella le pide que la lleve al trabajo, porque quiere invitarlo a cenar ese día al salir y quiere que vayan en el mismo auto y así lo hacen, van a sus trabajos y al finalizar la tarde él pasa por ella a la oficina y van a cenar. Al regresar a casa, ella desea hacer el amor, pero él le dice que no puede porque mañana tiene juego, esto sin dudas la molesta un poco.

—¿es en serio? Eso ni siquiera es un juego profesional, es solo un pasatiempos, pregunta quién de tus amigos deja de hacer el amor porque mañana va a jugar—Sale de la cama molesta y se sienta en la sala, hasta que se le pase y pueda volver más tranquila.

Ustedes se preguntaran si Abigaíl nunca explota, o nunca reacciona desmedidamente, pero obviamente si lo hace, solo que tiene un lema:

"El que domina a los otros es fuerte; el que se domina a sí mismo es poderoso" Lao-Tsé

Y créanme que esto le ha funcionado para muchas cosas en su vida, no cede el poder de sus emociones tal fácilmente, ella prefiere dominarse, antes de que otro la domine. Entonces regresa a la habitación serena, lo acompaña a ver televisión y se despide para dormir.

Al despertar, Carlos se está vistiendo para irse a su dichoso juego, ella decide quedarse en la cama otro rato y seguir descansando. Hoy quiere salir con sus amigas. Al levantarse, va al salón para arreglarse las uñas, las cejas, ya saben esas cosas de chicas, quiere verse bella, tal vez hará un nuevo corte de cabello, para lucir diferente, le vendría genial, para la gira de medios y el nuevo programa, decide cambiar el color también, creo que Carlos se sorprenderá.

Regresa a casa con su nuevo look y cuando Carlos llega, le da la sorpresa. Él ha quedado encantado:

—¡wow! te ves hermosa, preciosa— la abraza y se acerca a su cabello, lo toma en sus manos, lo acaricia y la besa y le da una vuelta para verla completa. Ella se siente muy agradada con los cumplidos y Carlos le dice:

—voy a ducharme y te espero en la habitación—Una propuesta sutilmente indecente. A la que responde con una sonrisa y lo sigue hasta la ducha, para bañarse con él. Mientras están bañándose, hablan un poco y Carlos le repite, lo mucho que le ha gustado su cambio, entonces le dice que salgan rápido, para ir a la habitación y juguetea un poco con ella y como ya el campeón ha jugado, ahora si puede gastar energías en un encuentro íntimo.

A Carlos le ha costado un poco, manejar el tema del contacto en la intimidad y Abigaíl lo sabe, así que pone todo de su parte y hace que todo sea sutil, para que funcione, para que todo sea progresivo y puedan acoplarse de manera satisfactoria, solo que para Carlos, no es tan sencillo por esto de no querer faltarle el respeto. Ya saben que nos han enseñado que el encuentro sexual, es algo vulgar y sucio y por supuesto no queremos hacerle algo sucio a alguien a quien respetamos. La sociedad y sus cosas. Entonces este par ha tenido un encuentro con limitaciones y con poca conexión emocional.

Aquí como pueden notar, las cosas van como en una montaña rusa, suben y bajan a toda velocidad y sin duda alguna los hábitos que Carlos está tomando para sus fines de semana, están haciendo que la relación gire y apunte en otra dirección. Puede Abigaíl, tener mucha comprensión e incluso paciencia, pero aun así todos tenemos un límite y probablemente, Abigaíl conozca los suyos y de no dude en poner a raya a algunos comportamientos de Carlos.

Te doy y te quito

Ya hemos observado que Carlos da premios y recompensas, que luego retira para castigar a Abigaíl y así controlar la situación a su antojo, es un manipulador por excelencia. Pero recordemos que esta conducta tiene una raíz amarga para él, que con eventos dolorosos la vida le enseñó, que es mucho mejor tener todo controlado, para así evitar sufrimiento. ¿Pero qué sucedería, si Abigaíl, no cae en su juego? ¿Si ella se escapa de sus manos y él no logra establecer el control y se siente en riesgo de ser abandonado?

Cada fin de semana para Carlos, se está volviendo mucho más largo y Abigaíl se siente sola, pero aunque lo ha conversado con él en varias oportunidades, no ha habido cambio alguno, por el contrario, se siguen sumando eventos que generan malestares en la relación. Pero Carlos, que está acostumbrado a cubrir todo con dinero, hace una nueva propuesta de viaje, para calmar un poco las cosas, entonces los siguientes 15 días, arreglando todo en sus trabajos para poder irse.

Llega el día y suben al avión, en esta oportunidad irán a Cancún, la playa será su destino, Abigaíl y Carlos, esperan poder reencontrarse en los próximos días y disfrutar ese tiempo a solas para retomar esas cosas que hacían, que lograba que la relación fuese tan agradable y se sintieran felices de estar el uno con el otro. Así que el plan es disfrutarse al máximo. Y comienzan justo al llegar al hotel. Suben a la habitación, se duchan y se visten para ir a comer e ir de compras y así hacer un recorrido en la zona y comenzar a conocer, tienen muy altas expectativas con respecto a la gastronomía mexicana y esperan disfrutarla al máximo.

Carlos intenta relajarse, pero por alguna razón Abigaíl lo ha notado un poco tenso, ella espera que solo sea el largo viaje y que esté cansado, pero lo nota un poco diferente. Por lo que piensa en solicitar un masaje para cuando estén de regreso de su recorrido y así puedan relajarse antes de dormir.

Salen, cual par de turistas a recorrer las calles y admirar belleza, a disfrutar del clima que el lugar les brinda, con un sol brillante y una suave brisa y así van disfrutando de cada paisaje, comida y bebida. Comienzan las fotos y así de la nada, justo al inicio de su paseo, surge un pequeño percance, que ha molestado en gran manera a Abigaíl. Carlos le pide que le tome una foto solo y así lo hace, pero de inmediato se ha dado cuenta, que está compartiendo la foto con otra mujer. Esto la molesta muchísimo, pero se mantiene en silencio e inevitablemente hace que su comportamiento cambie, que su cara se torne dura y su sonrisa se borre.

Y sin decir nada, avanza dejando a Carlos atrás, pero él está tan distraído compartiendo sus fotos que no se ha dado cuenta. Al percatarse de que ella se ha alejado, avanza y le hace un llamado para que ella lo espere, pero de verdad Abigaíl, está muy molesta, se siente terrible y solo quiere irse. No comprende que es lo que le sucede y solo guarda silencio, mientras él insiste en que le diga que le pasa, pero ella no quiere decirle y solo continúa caminando. Pero de un instante a otro, él ha tomado el control y de un tirón ha cambiado los papeles. Se para frente a ella y le dice:

—si vas a estar así, me voy al hotel, yo no vine para discutir—

—si no viniste para discutir, no hagas cosas que generen discusiones—

—no sé de qué hablas, veníamos caminando y de repente me dejas solo—Ella se impresiona a verlo tan tranquilo y descarado y solo le pregunta:

—¿es en serio?—

—mira, ¿sabes qué? me regreso al hotel—

—¿me dejarás sola?—

—yo no voy a discutir, te dije y si eso es lo que tú quieres hacer, lo siento— ¿Han notado como hábilmente, el pasa de ser el victimario, a ser la victima que no comprende la situación? Una excelente manipulación y Abigaíl, cae en su jugada y solo le responde:

—no quiero pelear, ni arruinar el viaje— En su mente ella piensa, que es aquella mujer, que les quiere arruinar el viaje y que ella no va a darle ese gusto. Pero aquí entre nosotros, ¿ustedes creen que es aquella mujer o Carlos el responsable de lo sucedido? Desde aquí, a mí me parece que el responsable es Carlos, pero como nos dijeron que las relaciones son dañadas por terceros, entonces es más simple creer, que esa mujer se está metiendo y puede destruir la relación, cuando en realidad el compromiso es de la pareja y de nadie más.

Una vez controlado el imprevisto, continúan como si nada hubiese pasado, Carlos comprendiendo que aunque Abigaíl se percate de sus faltas, sigue ahí y ella cediéndole control, aunque está consciente de tener razón y que él está actuando de una forma en la que puede dañarla. Pero a ella le enseñaron, que quien ama soporta. Entonces continúan disfrutando, llegan por un helado y luego caminan por la orilla de la playa, es una vista hermosa y Carlos aprovecha, para soltar una recompensa, que empañe la acción que desencadenó aquella pequeña discusión inconclusa, entonces la lleva a comprar la ropa de baño que usaran en los siguientes días, aprovecha el momento y la llena de halagos y así todo vuelve a la normalidad.

Terminan yendo al cine y disfrutando de una excelente tarde. Regresan al hotel y los llaman a la habitación, para recordarles que en una hora tienen su cita en el spa, entonces se duchan de nuevo y se acuestan un rato a descansar y se quedan dormidos, ha sido un largo viaje y están agotados, ese masajes les sentará muy bien. Suena de nuevo el teléfono de la habitación, para avisar que ya es hora de la cita y se preparan para bajar y disfrutar de tan agradable experiencia, para regresar y dormir plenamente relajados.

Al día siguiente, se levantan renovados y Carlos ha preparado un paseo sorpresa en yate, a Abigaíl le encanta la idea y se prepara emocionada. Un premio más, que tal vez sea retirado pronto, a veces Carlos resulta ser impredecible. Llegan al puerto y comienza la aventura, es hermoso y Carlos además se muestra muy cariñoso y atento, esto la hace pensar que será un buen día y que van a disfrutar al máximo. Pero que difícil ha de ser, poner tu día en manos de otro y estar a la expectativa, aunque al parecer ella se ha adaptado bastante bien a eso y así han funcionado. El paseo es verdaderamente encantador y ambos lo están gozando con sonrisas dibujadas en su rostro, compartiendo, brindando, nadando, tomando el sol y disfrutando el uno del otro.

De regreso al hotel, Carlos le dice que para la cena la llevará a un lugar hermoso y ella feliz se lanza en sus brazos y lo besa, suben a la habitación y ella emocionada, lo besa de nuevo, pero él al sentir la intención de Abigaíl de seducirlo, la evade sutilmente y le dice que quiere darse un baño para sacar la arena y el agua del mar. Ella le dice que lo acompañará y de nuevo busca seducirlo, pero esta vez él le dice que está cansado de la playa y tal vez un poco insolado porque le arde la piel, entonces ella se detiene y terminan de bañarse, para descansar y ver la televisión mientras comparten como estuvo el paseo.

Se levantan y se visten de nuevo para ir a cenar, él le ha comprado un hermoso vestido, que la hace lucir hermosa, radiante, él se acerca y le da un beso y tomándola por la cintura, la acerca su cuerpo y le dice:

—eres hermosa, me encantas— La mira a los ojos y la abraza con fuerza, esto hace que el corazón de Abigaíl se acelere y sienta cuanto ama a ese hombre. Con estos picos tan altos de emoción, cualquiera se monta en esa montaña rusa, a pesar de los bajos sean fuertes.

Llegan a buscarlos y los llevan a un lugar hermoso, para cenar en el agua, todo es encantador y luce hermoso con la puesta del sol cayendo en el horizonte, marcando un agradable reflejo en la inmensidad del mar. La brisa es suave y el arena blanca, los aromas son exquisitos y las bebidas refrescantes. Pueden respirar un aire de tranquilidad, que los hace suspirar mientras disfrutan de tan hermosa y perfecta escena. No se podría pedir nada más, parece un lugar de cuentos de hadas y ellos están juntos disfrutándolo. Terminan la velada bailando, llenos de sonrisas, besos y abrazos. Cualquiera podría decir que son hermosa pareja enamorada y que están en su mejor momento. Pero tal vez las apariencias engañen.

De regreso al hotel, están impregnados de esos aires de amor, de esos que hacen que te sientas seguro al lado de esa persona especial, que suspires mientras se miran a los ojos. Pero esto podría resultar, ser una ilusión y las ilusiones se desvanecen.

Al subir a la habitación, se desvisten y entran en la cama, esto de ser turistas, pueden ser algo agotador. Ella se acerca para desearle buenas noches y le da un beso y le dice cuanto lo ama y lo feliz que se siente a su lado. Él le corresponde y le dice sentir lo mismo, le da un abrazo y se disponen a dormir. Pasada una hora tal vez, Abigaíl se está quedando dormida, pero Carlos se levanta y sale al balcón, él creé que ella está dormida, entonces sale para no despertarla, sin embargo ella escucha lo que él habla y alcanza a oírlo decir:

—te extraño y me gustaría que estuvieses aquí conmigo, pero nos vemos al regresar— Nada agradable lo que acaba de escuchar. Esto hace que su corazón se detenga por un momento y su estómago haga un salto de miedo y también la hace sentir confundida, hace unas horas parecía el hombre más enamorado y feliz por tenerla a su lado y ahora desearía estar con alguien más. No puede evitar sentirse triste y las lágrimas invaden sus ojos, de verdad no sabe qué hacer, ella no sabe cómo actuar, no sabe si confrontarlo sea una buena idea. Por lo que decide, quedarse en silencio y esperar hasta poder dormirse. Minutos después él entra de nuevo a la cama y se abraza a ella. ¿Qué pasará por la mente de Carlos, que actúa de esta manera?

Muchas veces arrastramos sistemas
de creencias, que nos han heredados
de generación en generación, solo para
horrar a nuestros ancestros.
¿Cuántas veces actuaste automáticamente
porque así lo hizo mamá o papá?
¿Y cuantas veces fracasaste en el intento?
Desaprende, para poder aprender nuevas
cosas que te permitan crecer. Deja de ser la
réplica de alguien que solo ha callado y ha
soportado para aparentar ser feliz.

María Fernanda Prieto

ESCENA VIII

Sin saber qué hacer

Antes de que salga el sol Abigaíl se ha levantado, no logró dormir tranquila, su cabeza dio muchas vueltas, no logra descifrar a Carlos, se supone que están ahí con el propósito de fortalecer los lazos de su relación, pero para él no parece ser nada serio y esto la desconcierta y él lo hace un poco difícil al no querer hablar sobre las fallas que se están presentando. Sin embargo, ella ha tomado la decisión de no hablar sobre eso, hasta que estén de regreso, ha resuelto disfrutar ese viaje de manera personal, ya que no puede hacerlo como pareja.

Los días pasan y ha disfrutado cada paseo, cada paisaje, cada comida, cada bebida, ha sonreído en cada una de las fotos y los videos, aunque sus alas están rotas. Durante el resto del viaje, él se ha portado apartado y eventualmente vuelve a ella, pero en esta oportunidad, ella ha comprendido su juego de vaivén y no ha vuelto a subir a esa montaña rusa emocional, se ha portado calculadora y esto no es lo que ella desea, así no lo había planeado y esto no era lo que él le había ofrecido al pedirle que fuese a vivir con él. El viaje llega a su fin y arman sus maletas, llevándose bonitos recuerdos turísticos, a pesar de tener el corazón partido. Espera que al llegar a casa, sus ideas puedan entrar en orden.

Han llegado y están algo cansados, se duchan, pero esta vez, Carlos no quiere hacerlo juntos, él prefiere que sea por separado y se excusa al decir, que irá revisando el correo para atender un poco el trabajo. Ella de nuevo no dice nada. Una vez que están acostados, ella lo mira y le hace una pregunta un poco directa:

−¿notaste que en todo el viaje no hicimos el amor ni una sola vez?− Esto lo toma por sorpresa y de inmediato se muestra a la defensiva, con una respuesta tajante, que hace que la conversación, se torne incómoda.

—el viaje estuvo perfecto tal y como fue. No quiero discutir por absolutamente nada, por favor—

—no quiero discutir, solo quiero que sepas que lo noté y no fue de mi agrado—

—ya tendremos otros momentos. Y disculpa pero estoy trabajando—Sin nada más que agregar, se levanta y se va a la sala y comienza a hacer llamadas de trabajo, que evitan que Abigaíl pueda intervenir y esto solo hace que ella se sienta cada vez más triste y con enormes ganas de salir corriendo.

En su necesidad de querer escuchar un punto de vista diferente al suyo, esa tarde decide ir a casa Lisa, tanto para llevarle los suvenir, como para conversar con Magda sobre lo sucedido durante el viaje, solo está desesperada porque alguien la escuche y poder encontrar la calma en sus pensamientos. No quiere tomar decisiones de las que luego pueda arrepentirse. Se viste y le dice a Carlos que irá a casa de Lisa y le pregunta si desea acompañarla, deseando que responda que no. Y exactamente eso le dice, que no quiere, él irá mañana, por ahora está hablando con José Leonardo y debe ponerse al día. Entonces ella se despide y se retira.

Al llegar, Magda y Lisa la reciben muy contentas y abren sus presentes, disfrutan de las fotos y los videos, pero Abigaíl explota en llanto y les dice que toda esa alegría de las fotos es falsa, que el viaje fue hermoso, pero de verdad ella está muy triste y les comenta todo lo que ha sucedido y les dice que él se ha vuelto cerrado desde hace unos meses y está muy cambiado, que de hecho el motivo de ese viaje era reencontrarse, pero a Carlos le dio absolutamente lo mismo. Ella está segura que él sale con alguien más, de hecho con varias mujeres y ella no puede soportar estar así. A lo que Magda le responde:

—mantén la calma, no llores, aquí lo importante es que tu eres su esposa y las otras son unas simples amantes, el lugar es tuyo—Esto la deja fuera de lugar, en su pensamiento ella no está peleando un lugar, ella realmente quiere estar en paz y feliz con alguien que se sienta igual de estar a su lado, más no lucirse con una corona, porque las otras no significan nada para Carlos.

–pero es que yo no quiero ser la que más jerarquía tiene, yo quiero que me ame y esté feliz conmigo, sino es feliz a mi lado, ¿qué sentido tiene que estemos juntos? Así no quiero, esto no me hace bien y no veo una razón para tolerar esta situación. Lisa la aborda y le pide que piense las cosas con calma, que no tome decisiones apresuradas, que lo converse con él.

–él nunca quiere conversar y cuando lo hacemos, termina dejándome sola y solo dice que él no quiere hablar. No sé cómo manejar esto y ya se está saliendo de mis manos, porque han sido varias cosas y ya no quiero más–

–te entiendo–Le dice Magda –pero no dejes que nadie te quite lo que has construido–

–aquí nadie me está quitando nada Magda, es él quien está dejando que se acabe lo nuestro–

Magda, solo la abraza y le desea que todo mejore, porque ella y su familia de verdad la quieren y han visto a Carlos sonreír y feliz, como no lo habían visto en años.

Se queda otro rato y siguen compartiendo, aunque se siente más tranquila porque ha sido escuchada, no tiene una solución en sus manos y sigue sin saber qué hacer, por el momento decide no hacer nada que pueda traer un cambio significativo, entonces simplemente retoma su rutina y hace lo de costumbre. Además ya mañana debe reintegrarse a su trabajo y eso es algo que no puede desatender, ni quitarle atención, hace de tripas corazones y continúa como siempre.

Ha pasado una semana y el ambiente puede sentirse tenso en casa, desde que regresaron, Carlos ha estado aparentemente muy ocupado y ella se ha dedicado a su trabajo y siguen sin tener ningún tipo de acercamiento ni un encuentro íntimo y esto hace que ella se sienta realmente mal y perdida sin encontrar una salida mientras que Carlos continúa como si nada pasara. Llega el sábado y después del juego al caer la tarde, va a compartir con sus amigos como siempre. Abigaíl no puede dormirse y esto la tiene mal. Carlos se ha ido a las 6:00 pm del sábado y son las 9:00 am del domingo y ella no sabe nada de él.

Al llegar a casa a las 10:00 am embriago, la encuentra en la cocina desayunando y solo la mira para decirle:

—no quiero reclamos—Ella se queda paralizada y solo respira profundo sin hacer nada. Mientras que él continúa hasta la habitación, se desviste y se duerme de inmediato. Abigaíl solo llora al ver esa deprimente situación. No quiere quedarse ahí sola, se arregla y va para la casa de sus padres, necesita ayuda con todo esto. Antes de salir de la habitación, el teléfono de Carlos suena y ella llena de miedo, ha decidido revisarlo y obviamente lo que ha encontrado no es nada grato.

Es la misma persona a la que Carlos le envió las fotos durante el viaje y solo le dice que ha sido una maravillosa noche, que toda su familia quedó encanta al conocerlo y ella está enamorada de él. Esto ha sido un golpe bajo para Abigaíl, aunque ya se lo esperaba, no estaba preparada y le ha causado mucho dolor. Seca sus lágrimas y llama a Neyla, para avisarle que está saliendo para allá. Espera poder encontrar la ayuda que tanto desea con su madre.

Tú lo elegiste

Al llegar a casa de su madre, de inmediato esta puede notar que ha estado llorando y que algo anda mal, le prepara un café y la invita a la cocina, para poder hablar cómodamente. Abigaíl la mira y rompe en llanto y solo le dice que está confundida y no sabe qué hacer, porque Carlos está actuando de una manera muy irracional y ella siente que la está lastimando, le dice que ha intentado hablar con él y no ha conseguido ningún resultado, por el contrario, cada vez hace cosas más y más dolorosas. Neyla, le dice que los hombres son así, que ellos se alejan, se apartan un poco, que solo lo deje tranquilo y no le diga nada más, para evitar una confrontación.

Abigaíl, le cuenta algunas de las cosas que han venido sucediendo, pero Neyla opina lo mismo que Magda, que ella es la esposa y las demás no tienen importancia. Al parecer nadie comprende, que no se trata de las otras mujeres, sino del dolor y la tristeza, de ver lo descarado que él se ha vuelto y de cómo ha roto la promesa de amarla y construir una vida juntos. Para Abigaíl, esto va más allá de alguna mujer, esto tiene que ver con el respeto, con la lealtad, con el compromiso y por supuesto con el nuevo trato que ha estado recibiendo de Carlos, que la hace sentir tan pequeña y disminuida.

Ella le dice a Neyla, que cuando comenzaron él no se comportaba de esa forma, ahora es como si de verdad no le importará lo que ella pueda pensar o sentir y actúa de manera desconsiderada y sínica y ella se siente muy afectada por eso, porque ese no es el Carlos del que ella se enamoró y Neyla la toma de las manos y la mira a los ojos y le dice unas palabras, que para Abigaíl, resultaron muy frías:

—ese fue el hombre que tú elegiste, así que aguanta hasta que esto pase, porque ya no es momento de salir corriendo— Abigaíl no puede creer lo que está escuchando, seca sus lágrimas, se acomoda en la silla, termina de tomar su café y se despide de Neyla dándole las gracias. Baja y al subir al auto, se mira al espejo y ve sus ojos hinchados de tanto llorar y solo se dice estas palabras:

—yo amo demasiado a este hombre, pero no lo amo más que a mí y no nací para soportar, ni sufrir, ni aguantar. No voy a seguir así, si él no acepta que tiene aspectos que mejorar, yo me retiro— (Diálogo interno) Se dispone regresar a casa, pero ha decidido no hablar nada más con Carlos, en vista de que él siempre evita cualquier conversación. Pero justo ahora se ha preguntado ¿quién la ama a ella? Si él hace cosas que la pueden dañar y no se detiene ¿por qué carajos ella debe permanecer, solo porque lo eligió? Y es justo en este momento donde comienza la elaboración de un proceso de duelo anticipado.

Para Lindemann (2019) el duelo anticipado es "el proceso de desapego emocional que se da antes de la muerte o separación de un ser querido o bien material" y considera que puede favorecer el reconocimiento de la realidad de la pérdida de una forma gradual, lo que haría más sencillo resolver asuntos inacabados con el ser querido que va a morir o en el cual se generará la separación en un tiempo breve. También puede ayudar a cambiar algunos aspectos sobre uno mismo frente a la vida y la forma de vivirla, hacer planes sobre el futuro cambiante que se aproxima y así prepararse para la pérdida. (Modificado Prieto 2021)

Lo que significa para Abigaíl, es que a partir de este momento, comienza lo que se conoce como divorcio emocional, es decir, que vivirán bajo el mismo techo, pero ya no tendrán una relación afectiva y esto es un duro proceso que puede llevarse un tiempo entre seis a doce meses, pero ya Abigaíl, no quiere seguir viviendo esta situación. Por lo que los siguientes días estará llorando y un poco triste, de solo pensar en que el algún momento no estará más con el hombre al que tanto ama, pero no tiene muchas opciones, ya que él no quiere participar y tomar su cuota de responsabilidad en la relación y hacerlo sola es imposible.

Al llegar a casa, Carlos aún está sentado en la computadora trabajando, ella lo saluda evitando que él vea su cara, para que no note que ha estado llorando, pero a pesar de eso, él se da cuenta y solo le dice:

—no entiendo porque lloras— Ella ni siquiera se detiene y continua hasta la habitación y ahí se queda acostada, hasta que se duerme. Carlos continúa trabajando hasta que llega la hora de cenar y se va hasta la cocina para preparar la comida y al estar lista, despierta a Abigaíl para cenar juntos. Su comportamiento es incomprensible, se acerca a la cama, se sienta a su lado y la despierta con un beso y le dice que ya la comida está servida, que vayan a comer juntos. Abigaíl, lo mira y solo asienta con su cabeza, ya no sabe ni cómo actuar, solo ha decidido no caer en su juego, ese en el que la sube y la baja de un golpe. Se levanta y juntos van a cenar, sin tocar temas incómodos, él solo está hablando del trabajo que tendrá mañana en la empresa y ella le lleva el ritmo en la conversación.

Al terminar de cenar, él le pide que vayan al patio y se sienten un rato para estar al aire libre, ella va tranquilamente y juntos conversan sobre los nuevos proyectos, ella ha decidido no abrir ningún tipo de discusión, con respecto a absolutamente nada, ni personal, ni laboral, ni de pareja, simplemente estará con su cuerpo y su mente ahora está enfocada en organizar su vida para irse. Por lo que no tiene ninguna relevancia, plantear temas que ameriten hacer acuerdos en conjunto. Pero Carlos, no lo ha notado y él simplemente piensa que ella está comprendiendo como es la nueva dinámica y se está adaptando y así, cada uno con la mente puesta en diferentes cosas, terminan la noche y van a la cama.

Rebosando el vaso

Abigaíl ya está elaborando su duelo anticipado, ahora solo queda ordenar su vida, para poder irse del lado de Carlos y esto la hace sufrir, pero es un proceso que tardará unos cinco meses o seis meses dadas las circunstancias, serán meses de silencio, meses de ausencia emocional que Carlos no notará, porque está muy disperso de la relación y en estas situaciones, por lo general el hombre tiende a pensar, que las cosas se han calmado y que por fin todo marcha bien, ya que ellos son tan pragmáticos que solo puede ver el problema y directamente la solución, sin ocupar un espacio para el proceso, lo que se traduce que todo está funcionando a la perfección, porque Abigaíl ya no tiene quejas, ni conversaciones.

Carlos continúa haciendo su vida, sin percatarse de lo que sucede en la relación y cada día que pasa, tiene nuevos comportamientos y no hay una queja de parte de Abigaíl, la ecuación es simple, lo estoy haciendo bien, porque ella no se queja. Pero tristemente está equivocado, ella nota sus conductas y puede darse cuenta de cada una de las cosas que suceden, solo que ya no tienen el mismo efecto y como sabe que no tendrá solución, no piensa hacer ningún planteamiento para cambiarlas. Entonces así continúan, ella cada vez más distante y él haciendo su vida.

Llega el temido fin de semana y ya Abigaíl, sabe que dormirá sola y no recibirá llamadas y muy probablemente no sepa nada de Carlos por más de 12 horas, ese es otro sábado más sin dormir y no es lo que ella tenía planeado vivir. Se acuesta para ver películas y logra dormir cerca de una hora, se levanta sobresaltada, preocupada por Carlos y nota que no ha llegado, ya son las 5:00 am y por supuesto no hay ni una sola llamada, ni un mensaje, solo le queda esperar. Decide ir a prepararse un té y preparar el desayuno.

Mientras come, escucha que Carlos llega, de nuevo ebrio y abre la casa con cuidado, no se ha percatado que ella está en la cocina, está hablando por teléfono y Abigaíl alcanza a escucharlo decir:

—mi amor, ya llegué la pasé muy bien, te hablo más tarde-- Y solo continua caminando hasta la habitación, mientras que Abigaíl, solo deja correr lágrimas por su rostro y llora en silencio, ya no quiere discutir, ya no quiere hablar, pero es inevitable no sentir dolor. Al entrar a la recamara, nota que ella no está y la busca en las otras habitaciones, se preocupa por un momento y la llama a su celular, pero lo ha dejado en la habitación y comienza a buscarla por toda la casa. Ella solo aguarda en silencio, para no romper en llanto y al encontrarla en la cocina, solo le dice:

—me has asustado, creí que te habías ido— Ella seca sus lágrimas y lo mira los ojos, sin decir o emitir ni un solo sonido, busca su teléfono y se va a duchar, para salir en cuanto salga el sol, no quiere permanecer ahí, es muy doloroso.

Él continua en silencio hasta la habitación agotado y ebrio, se acuesta a dormir. Mientras que ella se prepara para salir. Todo se viene abajo y Abigaíl no sabe cómo evitarlo, ella realmente lo ama, pero lo que él está haciendo la afecta directamente. Necesita respirar tranquilidad. Se viste deportiva y va al parque para caminar un poco y relajarse, su mente está nublada, ella quiere una explicación y no logra encontrarla. Desconoce a ese Carlos amable, responsable, respetuoso, que la veía con admiración, que hizo tantos planes con ella y hoy en día no queda ni la sombre de ese hombre al que tanto ama.

Aun retumban en sus oídos, las palabras de Magda y Neyla:

—los hombres son así, tú lo elegiste y tú eres la esposa— Ella no está dispuesta a esperar 5 años de su vida a ver si Carlos reacciona, ni a esperar que él se canse de la vida que lleva, ni menos a esperar que la quiera, continua firme con su decisión y la siguiente semana verá unos apartamentos y comenz. falta y cuando todo esté listo, marchar·mprar lo que le haga

Carlos no se detiene, siempre trae alg. de semana, esta vez la ha encontrado de nuo, es un nuevo fin casi las 10 am y ella está desayunando, ya an la cocina, son como ha venido haciendo cada domingo, para evit·da para salir, la puerta y verla sentada hace una pausa, la mira p·a ·ecirle: ·ces. Al abrir

—yo no me había sentido tan infeliz, como me sient·esde que tú estás en esta casa— Si le preguntan a Abigaíl, si aún pue·sentir dolor, ella les dirá que sí y esto ha causado una herida, pal·ras que hieren hasta lo más profundo de su corazón. Ella respira y ·· voz baja le dice:

—lo sé, me lo has demostrado hasta el cansancio, pero ya estoy arreglando todo para irme, en dos meses ya no estaré para hacerte infeliz— Él solo esboza una sonrisa irónica y dice:

—si claro, me imagino— Por supuesto él no lo cree, ella ha demostrado cuanto lo ama y eso hace que sea muy difícil que ella pueda irse y es totalmente cierto, para ella es demasiado difícil, dejar a una persona que ama, pero es más doloroso aún, recibir ese trato de la persona con la cual compartes tu vida. Ella se levanta y se retira de la mesa. Él se ha molestado y la sigue hasta la habitación para discutir, pero está tan ebrio, que no puede ni hablar, entonces ella le pide que se acueste y él lo hace y así se duerme. Por supuesto y no es inesperado, el teléfono no para de sonar, pero ya ella no quiere saber nada más. Toma su bolso y se va para encontrarse con sus amigas y esparcirse un poco.

Llegó nuevo la navidad.

Hermosa é..., donde todos compartimos y celebramos en familia. Y est... ...vidad de nuevo Abigaíl y Carlos serán anfitriones en casa, así... ...e comienzan todos los preparativos con antelación, este año, ...odos quieren algo divertido y especial, entonces comienzan ...s compras y la decoración navideña. Nadie está enterado ... la situación de Carlos y Abigaíl y en vista que ella ha decido...o discutir más, sino permanecer tranquila el tiempo que le que...a, entonces todo se ve normal, como si nada sucediera.

El gran día llega y todo está hermoso, Abigaíl las ha maquillado a todas, la comida está lista y la decoración es perfecta. Cuando Carlos entra, queda encantado y se acerca a Abigaíl, para darle las gracias y felicitarla, la abraza y le da un beso y le dice lo excelente que ha quedado todo. Ella sonríe y juntos van a la habitación para arreglarse, pero Carlos de nuevo está un poco tomado y de un momento a otro ha pasado de ser el hombre cariñoso y amable, a gritar, por el simple hecho de que la ropa que él quería usar ese día, no está preparada. Ella le pide que baje la voz y él solo le responde que no lo hará, porque esa es su casa y ella calmada le recuerda que tienen invitados y él de nuevo le dice, que no le importa, a quien no le guste puede irse.

PPara no arruinar la reunión, ella le ofrece arreglar la ropa en ese momento, es solo cuestión de plancharla, o le muestra otras camisas que puede usar que ya están listas. Pero él está realmente enojado y comienza a sacar ropa y lanzarla en la cama, ella para evitar que los ánimos se caldeen, decide no responderle y continúa maquillándose, pero es inevitable ver como Carlos se molesta cada vez más y repentinamente explota diciéndole:

—agradece que no traigo correa— Esto la sorprende, es una amenaza directa y ella de manera automática le responde:

–¿qué pasaría si la trajeras puesta?– Y con grito fuerte casi como un relámpago él la mira y le responde:

–te pondría en tu lugar ahora mismo– Y acto seguido, lanza toda la ropa que está sobre la cama, hacia Abigaíl, haciendo que todo lo que está en la cómoda caiga al piso. Ella está impactada por lo que está escuchando, pero no siente una pizca de miedo. Se ha dado la vuelta hacia él y con firmeza le dice:

–te atreves a tocarme y vas preso–Y créanme que esto lo ha enloquecido y desde el otro lado de la habitación, acelera el paso y se acerca a ella, solo que no esperaba su reacción, el creyó que ella sentiría miedo y se doblegaría, pero encontró a una mujer firme y sin miedo alguno. Entonces él levanta su mano y la mira como nunca la había mirado, con sus ojos cargados de rabia, de ira, ella lo mira y le dice:

–si me vas a golpear hazlo, sé la bestia que todos dicen que eres, pero mírame a los ojos, yo no soy la madre de tu hijo, ni soy tu madre, que demostraron amor con sufrimiento. Si me golpeas, esto tendrá graves consecuencias para tu vida, te lo aseguro– Al ver esta actitud, él se siente desconcertado y retrocede volviendo en sí, entrando en razón y sentándose en la cama, pidiéndole disculpas, ahora su mirada está confundida, no sabe que hizo, ni porqué lo hizo. Y sube la mira y le pide que lo perdone. Ella se aparta y no dice ni una sola palabra, termina de arreglarse, se viste y sale con una sonrisa, no quiere que él la vea llorar y mucho menos sus familiares, pero todos se han dado cuenta de lo sucedido y están petrificados en la sala.

Ella sale hasta el patio, donde él no pueda verla y sus cuñadas salen con ella, para preguntarle qué ha pasado y si está todo bien. Ella les responde que sí, pero necesita calmarse para no llorar, no quiere estropear la celebración. Se sientan mientras ella se calma, le buscan un poco de agua y ella les cuenta lo sucedido y les dice con firmeza. Ese es su hermano, pero si él llega a ponerme un dedo encima, correrá con las consecuencias y ellas han estado de acuerdo, ya no quieren volver a ver jamás, lo mismo que vivieron con sus padres y después con la expareja de Carlos, no más. Aunque esto no pasó a mayores, Abigaíl, siente un profundo dolor, solo de recordar la mirada iracunda de Carlos. Respira, se llena de calma, se repone y decide continuar la fiesta, como si nada hubiese pasado. Pero Carlos está molesto y no le ha hablado en toda la noche, ni siquiera han hecho los brindis juntos, ni se han tomado fotos familiares de esa navidad.

Ella hace caso omiso de esta conducta y celebra con los presentes hasta el amanecer. Ahora la decisión se ha afianzado aún más, queda claro que esto no puede permitirlo, el deterioro en la conducta de Carlos, cada vez es más notorio y en algún momento sin previo aviso puede pasar a mayores. Y ella no quiere tener que vivir algún tan duro, como la violencia, hasta allá no piensa llegar.

Pero no es de sorprendernos, que Carlos lance un premio, en su deseo de mantenerse en una relación donde puede manipular toda situación, así que estemos atentos a su nuevo intento narcisista de parecer profundamente enamorado y conservar vigente el apego y la independencia emocional. Pasan un par de días y cuando se encuentran solos en casa, él intenta tener acercamientos un poco burdos, a los que Abigaíl hace caso a medias, para llevar la fiesta en paz y no generar más conflictos que deterioren aún más la relación.

Pero llegado el día de año nuevo, ella decide ir a recibir el año con su familia, por lo que esa noche no dormirá en casa, o tal vez por un par de días y esto le genera cierta ansiedad a Carlos, quien inesperadamente tiene un repentino arrepentimiento y brote de amor profundo, en el que le plantea a Abigaíl una reconciliación.

Esto la toma fuera de lugar, no se lo esperaba, ya que él había estado tan distante, pero un narcisista y manipulador emocional puede llegar a parecer tan sincero, que puede conseguir que su manipulado caiga en su juego. Y es que las bombas de amor que lanza, genera tanto placer y dopamina en el cerebro, tal cual droga en el sistema. Y con un apego emocional, como el que hasta los momentos han generado, esto sería más simple, que complicado.

Ella deja todo preparado en casa y le da las instrucciones a Carlos y a sus hermanas y mientras recoge las cosas que se llevará para estar en casa de su madre, él la aborda con un abrazo desde la espalda y le da un beso en el cuello y seguidamente le dice al oído:

—te voy a extrañar mucho, no te pediré que no vayas, porque es tu familia, pero me harás falta, en realidad sé que nos harás falta a todos— La aprieta entre sus brazos y por un momento ella siente que ese el lugar donde quiere permanecer, se voltea hacia él y mirándolo a los ojos le dice:

—también te voy a extrañar—Sin pensarlo la besa apasionadamente y acaricia su cintura, la lleva a la cama y hacen el amor, al finalizar él la toma entre sus brazos y ella reposa en su pecho, sintiéndose tranquila y en calma, segura y reconfortada, él la toma por la barbilla y levanta su cara y justo ahí cuando todo está a tope, le dice:

—te amo y quiero que arreglemos todo—Ella siente emoción y en ese perfecto momento solo lo besa y lo abraza y le dice:

—yo también te amo y quiero que todo esté bien—Ella se levanta para arreglarse y todo parece ser nuevamente armónico como al principio, un cuento de hadas.

Pero no todo es tan simple, esta serie de acciones que se llevan a cabo, cuando una pareja se ha separado, incluso de cuerpo como lo habían hecho Abigaíl y Carlos, aunque vivían bajo el mismo techo, son conocidas como Hoovering

Hoovering es un término de origen inglés, originalmente significaba aspirar un piso o alfombra. Su nombre proviene de la conocida marca americana "Hoover". Su significado cambio gracias a la tendencia de intentar aspirar o succionar a una persona para que vuelva a una relación tóxica ya finalizada. Supongamos que después de un largo tiempo de haber finalizado una relación recibes un mensaje inesperado de tu ex diciendo "Te extraño. Nos extraño juntos"(Relaciones Públicas. Marzo 2019)

Aunque no han tenido una conversación en la que finalizan la relación, hace más de 5 meses que entre ellos no pasa nada y solo se han limitado a tener una relación de cortesía, para ambos está claro que la relación ha terminado, motivo por el cual Carlos plantea una reconciliación. Y esto mis queridos lectores, en realidad no significa que Carlos la extraña, lo que realmente extraña es la sensación de poder que ejerce, al estar con ella, siendo él quien domina la relación y siendo la fuente de dependencia para Abigaíl.

Lo más común, es que se presenten escenarios más fuertes que los anteriores, para que él pueda reivindicar su posición dentro de la relación. Pero ya lo veremos un poco más adelante. Mientras tanto, Abigaíl, se despide de todos y con una enorme sonrisa crédula y llena de ilusiones, se marcha, para recibir con sus padres el año nuevo, haciendo nuevos planes en su mente, visualizándose feliz al lado de su amado Carlos.

Te quiero, no te quiero

Justo acabamos de ver ese arrebato de amor que Carlos ha tenido con Abigaíl y esto hace que de la nada las esperanzas vuelvan a la vida y comiencen a renacer sueños, pero cuando de un narcisista se trata y ya se ha creado el lazo de dependencia emocional, que te lancen desde la cúspide, es algo tan usual, que llega un momento en el que ya los golpes no duelen o incluso llegas a pensar, que por más que duela ese golpe no te va a matar, total ya los has comprobado una y otra vez. Veamos como continúan desenvolviéndose las cosas.

Abigaíl, recibe el año nuevo con sus padres y de regreso a su casa para reencontrarse con Carlos y su familia, se encuentra con una sorpresa nada agradable. Estaciona su carro y entra de sorpresa a la cocina y tristemente consigue a Carlos hablando con una mujer y este le dice:

—me has hecho mucha falta, espero verte pronto porque te extraño, te deseo un feliz año nuevo mi amor— Ella se queda en silencio y siente un inmenso vacío en su estómago que la deja inmutada y una sensación de escalofríos recorre su cuerpo, no sabe qué hacer, ni decir, solo puede sentir que todas las expectativas que creó ayer, de un solo golpe se vienen abajo y se desmoronan frente a ella. Evita que Carlos la vea, para que no se dé cuenta que lo ha escuchado y camina por el corredor directo hacia el estar y con una gran sonrisa falsa, abre sus brazos a la familia de Carlos, para desearles un feliz año nuevo. Teniendo la certeza de que este será el último año que compartirá con ellos. Ya no necesita nada más, para comprender que ese no es su hogar, ni su lugar.

Carlos se integra de nuevo con la familia y al verla se emociona y se lanza sobre ella con un abrazo inmenso, llenándola de besos y todos se emocionan. Él está un poco tomado y le dice:

—te he estado esperando, para que nos durmamos juntos. Te extrañé—Este chico sí que extraña a las personas. Ella no dice nada, solo responde al abrazo para no arruinar el momento y se une a compartir con todos. Pasadas un par de horas, Carlos ya se siente agotado y le pide que lo acompañe a dormir, todos harán lo mismo, se despiden y van a descansar, ha sido una larga velada.

Por la tarde cuando despiertan, él la abraza con intenciones de hacer el amor, pero ella ya no siente aquella emoción, por el contrario ha dado todo por terminado, pero ya no quiere tener más conversaciones, ya no quiere hacer acuerdos, ni abrir discusiones, entonces solo le dice que aún está cansada y quiere continuar durmiendo, le da un abrazo y se da la vuelta. Él se levanta y se va a la ducha, mientras ella se queda acostada, ya sin llorar, ya sin sufrir, solo acostada, organizando en su mente el momento su partida. Piensa que lo ha intentado todo y solo queda dar las gracias. Solo una pregunta pasa por su mente

—¿me quiere o no me quiere? Un día parece que sí y otro que no. Y de verdad eso duele —

Cuando él regresa del baño ya duchado, ella se levanta y hace lo mismo, para salir y reunirse de nuevo con la familia a comer y así compartir con ellos, las anécdotas del día anterior y terminar la tarde entre risas, postres y fotografías. Hasta que finalmente todos se despiden y ellos quedan solos en casa. Ella se muestra un poco cansada con el propósito de Carlos no le haga de nuevo una invitación a tener intimidad y lo logra, pasan la tarde noche viendo películas y descansando.

El resto de la semana ella inventa cantidad de actividades que debe poner al día, para así evitar estar desocupada y no dejar un espacio vacío en el que Carlos se pueda acercar. Para él todo ha vuelto a normalidad y son de nuevo una pareja, mientras que para ella es totalmente diferente, tiene su corazón triste y sus alas rotas y con la firme decisión de separarse de una vez y por todas de él, aunque esto le duela. Pero vivir en una ambigüedad tan dolorosa no es para nada sano.

Comienza a buscar apartamento para mudarse y le dice a Carlos que tiene reuniones de trabajo, ella quiere hacer todo en silencio, no quiere volver a verlo alterado, no quiere discutir y tampoco quiere que él le vuelva a plantear una falsa reconciliación. Pasan varios días y se ha decidido por un apartamento que le ha parecido cómodo y está bien ubicado con respecto a su trabajo, hace todo el papeleo y cuando se lo entregan compra todo lo que le hará falta para estar bien y paralelo a esto continua al lado de Carlos, como si nada sucediera.

Repentinamente, él recibe una llamada de una prima que vive en el exterior y ella aún no conoce, él muy emocionado le comenta que tiene una nueva pareja y que en un par de meses viajaran hasta allá para presentársela, por los momentos les hará llegar unas fotos para que la conozcan en la distancia. Ella escucha esta conversación y se entristece solo de pensar, que en los próximos días ya no serán pareja. Él termina de hablar con su prima y le envía varias fotos, pero Abigaíl, se ha sentido tan incómoda que prefiere salir de casa, quiere llorar y no quiere que él la vea así.

Parece una cosa tonta, pero el simple hecho de pensar, que él la está presentando como su esposa y ya ella está prácticamente fuera de casa y él está tan apartado de la relación que ni lo ha notado, la hace sentir realmente mal. Entonces decide salir solo para despejarse y va a casa de Lisa, se despide y le dice que en un rato regresa que va a visitar a su madre. Pero en el camino él la llama para decirle que ha recibido mensajes de respuesta de su familia y están encantados de que ella sea tan bella y hagan tan hermosa pareja, ella no sabe que responder y solo le dice saludos de mi parte y al colgar la llamada rompe en llanto, se siente culpable, se siente calculadora, incluso siente que es una mala persona por estar planeando su partida a espaldas de Carlos.

Con los ojos llenos de lágrimas, llega a casa de Lisa y ahí está Magda, ella no puede disimularlo y les cuenta lo que ha pasado y les dice que le duele mucho saberlo inocente de su partida, pero ya ella le dijo que se marchará solo que él no lo ha creído y continua su vida como si fuese mentira, como si eso no pudiera pasar, pero les dice que ya no soporta más y que es muy duro para ella permanecer en esas condiciones, donde un día él la sube al cielo y en un instante la tira de sorpresa golpeándose contra el suelo. Ella las mira y les dice:

—yo lo amo profundamente, pero no puedo más y lo hemos conversado, pero él continua haciendo cosas, que para mí resultan cada vez más dolorosas y no hay nada que yo pueda hacer al respecto, más que irme— Lisa la mira y con tristeza le dice:

—yo sé que tú lo amas y aunque es mi hijo, entiendo que esa no es la vida que te mereces— Magda, le recuerda de nuevo que ella es su esposa, que haga caso omiso de otras mujeres. Pero para Abigail, no se trata de las 2 o 30 mujeres, sino de la desconsideración, falta de respeto y cinismo que Carlos ha demostrado en los últimos meses, esto ha hecho que la imagen que ella tenía de él, cambie por completo, llenándola de decepción y dejándole un corazón roto, que desconoce al hombre del cual se enamoró.

Una vez que se encuentra más tranquila, les participa que la siguiente semana se irá, que ya tiene para donde mudarse y ya todo está casi listo, solo le falta comprar algunas cosas y eso terminará de hacerlo la siguiente semana. Ambas se entristecen, pero entienden que no hay nada que hacer y además comprenden la situación y solo les queda aceptarlo. Magda la mira y le dice:

—nosotros como familia te amamos y nos duele todo lo que está pasando, pero lo comprendemos, las puertas de nuestra casa siempre estarán abiertas para ti y siempre serás parte de esta familia, indistintamente estés o no con mi hermano— Le dice

Magda. Abigaíl se conmueve por este no era su plan y con tristeza le responde:

—me duele que tenga que ser así, esto no fue lo que planeé, pero lo he intentado todo y le he dado tiempo al tiempo y no he recibido una buena respuesta ni disposición de parte de Carlos y entiendo que donde se ha intentado todo y no se ha logrado nada, solo queda dar las gracias y apartarse— Lisa la mira y asienta con su cabeza y le dice:

—tienes razón y te agradezco el trato que le has dado a mi hijo y a nosotros, mi casa siempre será tu casa y aquí siempre serás bienvenida—

—muchas gracias, igual de mi parte, mi casa siempre estará abierta para ustedes—

Las tres se despiden y se dan las gracias, pero guardando la esperanza de que Abigaíl, cambie de opinión y la relación pueda mejorar, pero para que esto suceda Carlos debe hacer un cambio en su conducta y hasta el momento esto no ha sido posible. Terminan de compartir y Abigaíl se despide para regresar a casa. Les da un abrazo y de nuevo les agradece cada atención y cada momento.

Al llegar a casa, Carlos la espera para cenar y hablar sobre un nuevo producto de la empresa, ella solo conversa como naturalidad, pero por dentro aun llora y verlo a él tan inocente de lo que en realidad ocurre entre ellos, la hace sentirse triste de nuevo, pero se da ánimos con respecto a su decisión diciéndose que ella merece una relación estable y Carlos no sabe cómo dársela, porque simplemente no sabe cómo asumir un compromiso emocional, no ha sido diseñado para eso. Él termina de hablar y una vez finalizada la cena se duchan y se acuestan, mañana será un nuevo día y ella tiene cosas que comprar y dejar al día, para mudarse el siguiente fin de semana.

El amor no se demuestra
con lágrimas, con dolor,
ni sufrimiento.

María Fernanda Prieto

ESCENA IX

Me marcho

La semana ha sido larga para Abigaíl, ha comprado todo lo que necesita y lo ha llevado a su nuevo apartamento y Carlos aún sigue sin notar nada, él está tan disociado de la relación, que no tiene conexión alguna, para él todo funciona de manera transaccional, él es el proveedor económico y Abigaíl la administradora, algo así como un equipo de trabajo, pero ha retirado los afectos y los suelta de a pocos, creyendo que ella se ha adaptado, cuando en realidad es todo lo opuesto, solo que ella ya no piensa plantear su punto de vista, ya que lo ha hecho en otras oportunidades y no ha obtenido resultado alguno.

Llega el sábado y ella hace las últimas compras, las lleva al apartamento y regresa a casa, mientras se prepara para decirle a Carlos que se irá. Al llegar él está preparando el almuerzo, como siempre haciendo honor a sus actos de servicios, que de momentos la confunden y la hacen pensar que la ama, pero que con otros comportamientos fácilmente le aclara que no es así, o que por lo menos a ella así no le funciona.

Se sientan a comer y mientras él habla de cualquier cosa, ella solo piensa como va a decírselo, pero decide terminar de comer, cuando sirve el postre, él le pide que vean una película más tarde y quiere que organicen el viaje para conocer a la familia. Ella no responde nada y solo dice que se va a duchar, así que se levanta y se va al baño. Pero ustedes saben que no es fácil dar ese paso y que en ocasiones en nuestra cabeza, no podemos encontrar las palabras adecuadas y eso nos hace un nudo en la garganta. Pero aun así ella está decidida y se arma de valor y al salir de la ducha, va hasta la cocina y sin rodeos, con el corazón a mil por horas, lo mira y le dice:

—mi amor, quiero que sepas que hoy me mudo— Esto es un golpe bajo para Carlos, ha quedado sin palabras, sintiendo una punzada en el estómago y entrecortando el aire por unos segundos, sin poder procesar la información y sin saber que decir, después de un minuto de silencio él solo le pregunta:

—¿te mudas, a dónde? no entiendo—

—me voy de esta casa, rente un apartamento y hoy me mudo, hace un par de meses te dije que me iría y hoy es el día— Un frío penetrante recorre el cuerpo de Carlos, dejándolo paralizado en el sitio, pero solo piensa que es un ultimátum por todo lo que han vivido en los meses anteriores, él solo piensa que es una especie de amenaza y un llamado fuerte de atención, él no cree que ella sea capaz de irse y dejarlo ahí solo. Ella le dice que va recoger sus cosas, las lleva y regresa por más. Él solo asienta con la cabeza y se retira inmutado a la habitación, con su corazón acelerado y su cabeza dando vueltas, mientras ella comienza a recoger sus cosas.

Él puede escuchar desde la habitación las puertas del closet y las gavetas abrirse y cerrase, mientras ella las vacía y comienza a guardarlas, entra y sale de la casa llevando sus cosas para el carro y esto lo hace sentir terrible, se siente triste, vacío, con miedo, aturdido y sin poder comprender la situación, de nuevo está siendo abandonado, de nuevo alguien que lo ha dicho que lo ama lo ha dejado solo, tal y como lo hizo su padre, que no le importó cuanto le doliera su partida, simplemente se marchó.

Ella está calmada, le dice que ya regresa y sale a lo que será su nuevo hogar, donde a pesar de que estará sola, estará en paz y en tranquilidad. Tarda aproximadamente una hora y al regresar se da cuenta que Carlos, ha revisado todas las gavetas y se ha dado cuenta que están vacías y ella comprende que él nunca le creyó, que él no esperaba que esto sucediera, sin embargo, no se detiene, toma el resto de sus cosas, las lleva al auto y entra a la habitación, donde él está con los ojos brillantes y en un silencio infinito que los atraviesa. Ella se sienta su lado y le dice:

—ya todo está listo, ¿puedes darme un abrazo?— Él se levanta, rápidamente haciéndola a un lado, hay muchos sentimientos encontrados y no sabe cómo actuar, quiere llorar, pero los hombres no lloran, quiere gritar, salir corriendo, esconderse, pero los hombres son fuertes y no lloran por una mujer, solo piensa:

—si quiere que se vaya— (dialogo interno) Total hay 6 más en este momento que necesitan de él como para llorar y pedirle a una que se quede.

Ella le pide hablar y se niega, sale de la habitación hacia la sala y rompe en llanto, no puede sostenerlo más y con lágrimas en sus mejillas la mira y le dice:

—tanto que dices que me amas y no aguantaste nada, me vas a dejar aquí solo— Ella se entristece al verlo llorar y al sentir su miedo y con la voz quebrada y los ojos que recién comienzan a inundarse de lágrimas, solo le dice:

—te amo más de lo que piensas, pero el amor no se trata de aguantar, el amor es de dos, es una decisión, es cuidar al otro y yo no lo estoy sintiendo, por el contrario me siento herida y aunque te lo he dicho, no haces nada al respecto. Yo no quiero irme, pero tampoco quiero vivir así, en constante sufrimiento—

—no me mientas, no me amas, ya vete— Ella se levanta y se va, con un profundo dolor en su pecho, dejándolo a él herido con un enorme vacío y sin una explicación. Él se acuesta y llora sintiéndose solo, vulnerable y lleno de miedo, nunca pensó que esto podría pasarle, nunca lo esperó de ella.

Nos jodieron la vida cuando nos enseñaron que el amor duele y que el sacrificio es una muestra del mismo. Con esa célebre frase que dice:

"El amor todo lo puede"

4 El amor es sufrido, es benigno; el amor no tiene envidia, el amor no es jactancioso, no se envanece;

5 no hace nada indebido, no busca lo suyo, no se irrita, no guarda rencor;

6 no se goza de la injusticia, más se goza de la verdad.

7 Todo lo sufre, todo lo cree, todo lo espera, todo lo soporta. (Reina Valero 1 Corintios 13)

Pero no nos explicaron que todo lo soporta, habla de malas situaciones económicas, de enfermedades, de pérdidas importantes y no de faltas de respeto, de traición, de desprecios, de desconsideraciones, de infidelidades, de deslealtad. Cuando dicen todo lo puede, te hacen pensar que el amor duele profundamente y por mucho que duela debes permanecer y sufrir, para dar muestra de que sientes amor. Nos dijeron que además todo lo soporta y que el matrimonio es para toda la vida y gracias a esto más de uno ha vivido muerto en vida.

Lamentablemente cada quien vive su proceso a su ritmo, no podemos cambiar el comportamiento de nadie y menos de una persona que no ve ningún problema en su manera de actuar. Cuando estamos en pareja podemos dar nuestra opinión y hacerle saber a la otra persona si algo nos incomoda, o nos genera algún malestar, siendo siempre responsables de nuestras emociones y comprendiendo que el cambio en la conducta del otro, no es nuestra decisión.

Ahora aquí tenemos dos personas que hicieron planes juntos, pero no manejaban los mismos conceptos de pareja, matrimonio, propósitos y en un momento dado, sus rumbos se hicieron diferentes y todo porque su equipaje traiga cosas distintas. Carlos creció en un hogar disfuncional, lleno de violencia, de abandonos y de ausencias y Abigaíl, creció en una familia convencional, pero con un papá ausente afectivamente, que no sabía expresar su amor. Entonces cada cual creyó que así era la vida y cada uno se atrajo para reforzar dichos ideales, pero que el fin último es, sanar sus heridas emocionales.

Pero, ¿qué es una herida emocional? Es una desconexión desadaptativa donde se pierde el control de nuestros actos, pensamientos y sentimientos, generando malestar. Con las heridas emocionales sucede igual que con las físicas, surgen de una mala experiencia y cuando alguien nos toca esa herida, aunque no haya sido quien la ocasionó, igual sentiremos dolor. Les podré un ejemplo simple, si en la palma de nuestra mano derecha tenemos una herida y la palma de la mano izquierda está completamente sana, ¿qué sucede si exprimo un limón en la palma de la mano derecha? ¿Ardera cierto? Ahora exprimiré otro limón en la palma de la mano izquierda ¿qué sienten? Nada, no pasa nada. Claramente no es el limón lo que lastima, es la herida que estaba abierta.

Sin duda alguna el limón juega importante, más no es quien determina el dolor. Pues algo muy parecido nos ocurre con las heridas emocionales, si tú tienes una herida por abandono y alguien te deja (es decir esa persona es el limón) simplemente lastimará tu herida, pero no es quien infringe el dolor en ti; ahora, si eres una persona que no tiene heridas de abandono, cuando una persona decida separase de ti, no pasará nada, no molestará, porque no hay heridas abiertas, podrás sentir tristeza, pero manejarás la situación adecuadamente.

La preguntara sería, ¿para qué estoy viviendo este evento que me hace sentir dolor, que herida debo sanar? Una vez que nos cuestionamos el para qué de una situación, es más simple identificar la causa y así poder intervenir para sanarla. ¿Ya se preguntaron, para qué Abigaíl, atrajo a un hombre narcisista, egoísta y disociado emocionalmente a su vida? Pues ella sí lo hizo y fue lo que nos permitió encontrar la respuesta que a continuación les comparto.

Tocar Fondo y ver la luz

Abigaíl llega a la consulta y plantea toda la historia que hemos leído y vivido juntos, porque ella quiere llegar al fondo y comprender, ¿por qué él le ha hecho una promesa que no cumplió y por qué además se desconectó de la relación de manera abrupta? y juntos lo vamos a descubrir, hasta encontrar el origen, sanarlo y así obtener una nueva emoción, que posteriormente deje fluir un nuevo comportamiento que sea de bienestar para Abigaíl.

Lo primordial en el manejo de las emociones y cómo estas influyen en el desenlace de la relación de pareja, es comprender, que esa parte que no nos gusta del otro, es precisamente el motivo por el cual de manera inconsciente lo atrajimos para sanar. Si prestamos atención, para que haya una víctima debe haber un victimario y Abigaíl recibió instrucciones a lo largo de su vida que decían:

Las mujeres tienen que aguantar

Los hombres son así, ellos se alejan, cuando tienen otras, pero tú eres la esposa

El matrimonio es hasta que la muerte los separe. Como pueden notarlo esto la coloca en papel de víctima.

Mientras que nuestro Carlitos creció con estas frases:

Los hombres no lloran.

A las mujeres no se les ruega.

Mujer que te engañe, no se perdona, porque para eso hay más, esperando ser atendidas.

Si la mujer le falta el respeto, la pone en su sitio con unos golpes. Esto lo convierte en victimario.

Ambos se han atraído, para sanar esas heridas que tanto dolor les causan, esos recuerdos inconscientes de sus infancias de abandono, de sufrimiento, de desplantes, esos que vieron y recibieron, de quienes más los amaban. Y ahora se han elegido para revivirlo y sanar, ambos juegan su papel de forma magistral, pero si no están conscientes del proceso, no podrán volver a estar juntos. Por lo que ella decide trabájalo y descubrir para qué lo atrajo y que herida está tocando que tanto daño les hace.

Abigaíl ha decidido llegar de una vez a la raíz de sus males y ha optado por la terapia regresiva, que es un método alternativo para tratar problemas emocionales, cuyas causas son inexplicables o resulta muy difícil identificarlas. Este enfoque pretende encontrar la raíz de los traumas y dar una solución a los conflictos que tenemos en el presente, buscando su origen en el pasado. La terapia regresiva, como su nombre lo dice, se enfoca en la recuperación de vivencias o eventos que experimentamos anteriormente, pero que hemos olvidado de manera consciente.

Además, se basa en que el desarrollo fundamental de la estructura de personalidad del ser humano y su expresión conductual, se constituyen de 0 días de gestación hasta los 7 años de edad, formando así un modelo para vivir, desenvolverse y relacionarse con el entorno, que de alguna manera dicha estructura nos servirá de escenario para diferentes aspectos de nuestras vidas, solo que le vamos a ir cambiando los personajes. Les doy un ejemplo para hacerme entender un poco en esto:

Si una niña y su papá van al súper y a la hora de cancelar en caja, la pequeña quiere un dulce y papá no se lo puede comprar, al decirle que no, ella hace una pataleta, se tira al suelo y papá para no pasar la vergüenza se lo compra. ¿Saben que acaba de aprender la niña? A manipular para conseguir lo que quiere y esto lo aplicará en diferentes escenarios, veamos cómo, la niña crece y se hace mujer, ahora ya no llorará por un dulce, en esta oportunidad lo hará, porque su novio la terminó y ella no lo quiere aceptar, llora fuerte, se lanza sobre él y le pide que por favor se quede. A eso llamo tropezar con la misma piedra, misma situación aunque con escenarios diferentes.

Con la regresión, lo que buscamos es llegar a ese evento original que está guardado en nuestro inconsciente, donde se propició la herida emocional que actualmente nos genera malestar. Apoyándonos en diferentes técnicas de relajación, que permitan el fácil acceso al inconsciente, para poder transferir la información hacia el consciente y desde ahí reprogramarla, de tal manera que nos permite manifestar nuevas emociones, obteniendo como resultado la modificación del comportamiento orgánico y conductual con una nueva experiencia de bienestar.

No es algo mágico, es más bien un proceso que toma tiempo para ser asimilado y llevado a la acción, pero en corto tiempo se notarán los resultados.

Entonces con la autorización de Abigaíl, quien decidió acudir a la regresión como método, la induje a un estado de relajación, que le permite estar consciente, pero a su vez nos da acceso a su inconsciente, que es donde está guardada y escondida la información que nos causa dolor. Una vez que ella estuvo en profundamente relajada, plantee un escenario similar al que ella había contado con respecto a los comportamientos de Carlos, donde él se veía saliendo de la casa sin tomarla en cuenta, ignorándola y dejándola sola, esta escena removió sentimientos de miedo y tristeza.

Cuando recibió la orden de ir atrás en su pasado, en sus recuerdos, para saber cuándo ella por primera vez se sintió así, ella se visualizó siendo una niña de 6 años, que no veía a su papá con frecuencia, porque trabajaba lejos de casa y un día lo esperó toda la tarde sentada mirando por la ventana, esperando ver llegar el carro, para salir corriendo y brincar sobre él para abrazarlo, lo que consiguió fue a un papá que venía cargado de bolsas y a pesar de que ella gritara de emoción, él le paso por un lado y la dejo ahí paradita con los brazos abiertos, saludó a su esposa, la mamá de Abigaíl y de nuevo fue por más cosas al auto, pero iba tan rápido que no se detuvo.

Ahí estaba esa niña siendo ignorada, por el hombre que amaba, llenándose de miedo y tristeza, pensado que ella no era importante, recibiendo un desaire, que no la hizo sentirse amada y esta acción fue la que hizo esa herida emocional, que años después Carlos vino a remover, metiendo el dedo profundamente, causando gran dolor.

Pero ya que habíamos descubierto, la herida y el justo momento en el cual fue hecha, podíamos modificar dicha información dándole una nueva interpretación y creando el perdón entre Abigaíl y su padre. Y así lo hicimos, ella entró en esa escena a rescatar a esa pequeña Abigaíl, esa que se había quedado atascada en el tiempo y que pensó que los hombres que la amaban, la iban a ignorar y aunque esto doliera ella debía permanecer y demostrar amor.

Al sentirse acompañada esa pequeña llena de amor y protegida, le dijo a su padre que no lo volviera hacer que las personas que lo aman y lo esperan para abrazarlo, son más importantes que una compra.

Su padre así lo comprendió y le pidió perdón a la pequeña, abrazándola y mirándola a los ojos diciéndole lo mucho que la amaba, una sonrisa se dibuja en el rostro de la pequeña Abigail y ahora sintiéndose segura, confiada, amada y respetada, se vuelve una sola con Abigaíl y ahora viene cargada de nuevas emociones que sanaran aquella vieja herida. Ahora ella puede entender que no se trataba de Carlos, sino de un mal entendido con papá, lástima que ya no está Carlos para explicárselo, pero espera poder hablar sobre esto en algún momento. Ahora se siente mucho más ligera, como si se hubiese quitado un peso de encima. Y ha decidido continuar trabajando en nuevas sesiones.

Nuestra segunda sesión fue realmente poderosa, Abigaíl, quería comprender, por qué se había presentado aquel terrible evento esa noche de navidad, donde Carlos amenazó con golpearla. Una vez cómoda, entró en relajación profunda y ya habiendo alcanzado un estado de inconsciencia que permite el acceso a la información deseada, le doy la orden a su cerebro, para que la envíe directo al momento original, para que ella pueda identificar, cómo y cuándo se creó aquel recuerdo, que tanto dolor ha causado.

Y aquí estamos de nuevo, en una memoria mucho más profunda, un recuerdo intrauterino, en el que su papá tuvo un repentino ataque de ira y su mamá estaba realmente aterrada y la pequeña Abigaíl, estaba ahí en su vientre con apenas 3 meses de gestación y la voz de su papá retumbaba ahí dentro, llenándola de miedo y angustia. Y es justo en ese instante, donde ella entra en ese recuerdo para rescatarse, para abrazar a aquel bebé indefenso, que sentía que estaba sola y no comprendía lo que pasaba.

Una vez en calma la pequeñita, confronta a su padre y mirándolo a los ojos le dice:

—no te permito, que me faltes el respeto, ni me grites, yo soy un ser humano y merezco ser amada, valorada y respetada— Al ver esta reacción el papá de Abigaíl reconoce su falta y le pide perdón, a su amada hija, permitiendo así la modificación de aquel perturbador recuerdo, que trajo a su vida aquella dramática escena en la que Carlos sirvió de actor, para remover ese oscuro pasado y dar paso así a la sanación de aquella herida abierta.

Ahora que Abigaíl, ha sanado su víctima interna ya no necesita ser maltratada de nuevo, ya no tendrá que vivir de nuevo esta terrible escena, ya ha perdonado a papá y se ha liberado de ese momento que la llenó de terror. Ahora ha transformado aquel recuerdo y en su mente, tiene una nueva forma y por lo tanto ahora genera nuevas emociones, que causan bienestar.

Comprender lo que se descubre en una terapia, lleva un tiempo y se consigue a través de un proceso que tiene una gran influencia cognitiva y emocional, que una vez interiorizado, nos permiten reencuadrar la nueva información, transformarla a partir del amor y no desde el miedo.

Por supuesto a estas alturas, no podíamos dejar sin responder, para qué Abigaíl atrajo a un hombre infiel, ¿qué necesitaba sanar? Porque este el motivo principal de la ruptura. Y de nuevo procesamos desde el inconsciente y nos encontramos algo que estuvo guardado, bloqueado y escondido en el lugar más recóndito de su memoria. Se visualiza con apenas tres añitos de edad y mamá está siendo infiel, han salido juntas y ha visto a mamá besar en la boca a otro hombre que no es papá y esto la ha dejado desconcertada.

Sin dudas, ha aprendido que los infieles deben ser amados y que ellos aman a pesar de estar con otras personas. Si a esto le sumamos el simple hecho de que ya papá la había ignorado y también debía amarlo, pues ahora también se le agrega, que debemos amar a las personas que nos engañan. Y para esto había venido Carlos, para derribar ese constructo del amor, que le estaba causando conflictos. En este recuerdo, mamá le ha pedido perdón, por haberla hecho parte de una falta tan grande como lo es la traición, la mentira, la deshonestidad.

Abigaíl jamás pensó encontrarse con esto, pero ha comprendido que todos cometemos errores, pero con estos aprendemos y que ella hoy quiere desaprender que el amor duele y daña. Y ahora quiere un amor transparente, un amor de verdad.

Cerrando el ciclo

Ella fue comprendiendo, que Carlos había llegado a su vida para ayudarle a cerrar ciclos, que lamentablemente ahora no está con él, pero le agradece por todo, porque sin duda hoy es una mejor persona y ha descubierto lo mucho que se ama, después de esto se pone en primer lugar y comprendió que puede amar demasiado, pero nunca amará a alguien más que a ella misma.

Abigaíl aprendió que el amor todo lo puede, cuando ella a pesar de amar a Carlos, tomó la valiente decisión de apartarse, para no seguir sufriendo. Su amor propio la llevo a ser la persona más importante en su vida y darse el valor que ella tiene, aunque esto fuese doloroso, por dejar a su hombre amado, por ver como sus planes se desmoronaron frente a sus ojos y aun así el amor propio fue tan grande, que salió a dar la cara por ella misma y se hizo responsable de su vida, marcando claramente sus límites.

Descubrir que ella es el amor de su vida y que debe cuidarse y velar por su bienestar, ha sido uno de los más grandes logros que ha tenido como persona. Romper con aquellos esquemas que habían estado presentes por generaciones y que no le permitían ser feliz y plena, le costó mucho, pero ha sido transformador y ha comprendido que el amor es una decisión, que se construye día a día y que comienza por uno mismo, por ser nuestra mejor versión y cuando se comparte en pareja, se hace para seguir creciendo, ahora con un apoyo extra y una nueva motivación.

Que nadie te haga sentir que eres una persona ordinaria, eres extraordinario y como tal mereces ser tratado de manera especial, quien no pueda verlo de esa manera, no merece estar en tu vida y créeme que no hay nada que puedas hacer, para que los ojos de otros te valoren.

Abigaíl de nuevo es una mujer soltera, hoy día vive sola y ha recuperado su tranquilidad y su paz mental, ya los sábados puede dormir tranquila y al despertarse un domingo lo hace con una sonrisa. Esto no significa que para estar tranquilos debemos estar solos, simplemente que si alguien te roba la paz y tu comunicas lo que está sucediendo y esto no genera un cambio, pues apártate, hazlo a un lado, lamentablemente no tienes el poder para cambiar a una persona, pero si para cambiar de sitio. No te conformes con menos de lo que mereces.

Tomar consciencia de que lo que sucede en tu vida, tú lo creas para sanarlo, es el primer paso para transformarte y mirar el mundo desde el amor y no desde el miedo, mostrando agradecimiento con cada una de las personas que han llegado a ti como maestros, dando paso a tu encuentro con la versión que puedas tener de ti.

Nada más valiente y heroico, que mostrarte amor, aún y cuando amas a otra persona y por tu bienestar te apartas, cuando notas que estás sufriendo en lugar de estar disfrutando. Una pareja se construye y se cultiva con las acciones de dos, una sola persona no puede con toda la responsabilidad que implica una relación. El amor no se da sin esperar nada a cambio, debemos comprender que el recibir es parte importante del proceso de la abundancia y esto también aplica para el amor.

Que el perdón se pueda ver como una forma de comprender al otro y una manera de liberar nuestro ser del orgullo, de la rabia, de la tristeza, del dolor, en un intento de no emitir un juicio, sobre las actitudes del otro y simplemente darnos el permiso de avanzar y ganar aprendizaje de la experiencia vivida. Tomando en consideración que perdonar, no es aceptar y que podemos perdonar por tres razones, porque queremos continuar en la relación, porque no podemos salir de la misma y porque no queremos enfermar nuestra esencia, pero comprendemos que no es sano continuar en el mismo sitio.

Entonces, perdonamos y hacemos un nuevo acuerdo, porque ambas partes deseamos quedarnos, haciendo consciencia de lo sucedido y con la firme decisión de no volver a incurrir en la falta.

Pero en ocasiones, perdonamos porque nos dijeron que debemos aguantar y que así es la cosa, que hasta que uno de los dos se muera, pues se aguantan y no sabemos cómo salir de esa relación, así que no queda de otra que perdonar.

Y en ocasiones, perdonamos porque tenemos la consciencia de que la rabia, la ira, el rencor, el odio, no son buenas para nosotros y aunque comprendemos a esa persona, sabemos que ya no podemos seguir sin hacernos daño y simplemente nos marchamos diciendo, te perdono porque te quiero, pero me alejo porque me amo.

Que la historia de Abigaíl y Carlos, vista desde la óptica de ella, sirva de ejemplo y nos permita deslastrarnos de esas enseñanzas que tanto daño nos han hecho y han creado apegos y relaciones tóxicas, solo para vivir como la sociedad dicta, sin importar que tan rotos estemos por dentro. Amate, elígete y se siempre la primera y más importante persona en tu vida. Ten valor de buscar ayuda cuando la necesites para superar una situación que te hace daño.

Tener diferencias y crisis, al estar en pareja, es algo completamente normal, porque son formas de pensamiento distintos, que se unen para dar forma a un nuevo estilo de vida. Lo que no es normal, ni sano, es permanecer en pareja haciéndose daño, lastimándose o generando sufrimiento. Hay muchos aspectos que pueden ser trabajados, bajo el acompañamiento de un profesional, permitiendo que cada miembro de la pareja, libere sus cargas y sane sus heridas, de manera tal que el otro cuando se acerque emocionalmente, no te lastime. Y finalmente puedan disfrutar de una relación sana.

Si después de haber vivido cada momento y cada emoción junto a Carlos y Abigail, te sientes identificado (a) y no sabes cómo dar el paso para transformarte, envíame un email a maferpuntog.com o escribe a mi social media @maferpuntog y de la mano te acompaño a reencontrarte contigo.

Cuando el amor te quiere,
te busca, te encuentra
y te facilita las cosas

María Fernanda Prieto

BIBLIOGRAFÍA

BIANCO (2014) Manual Técnicas Sexuales. Editor. Caracas.

Corbin, Juan Armando (S/F). La teoría triangular del amor de Sternberg. En Psicología y Mente [Blog] Disponible en: https://psicologiaymente. com/pareja/teoria-triangular-amor-sternberg

FLASSES (2014).) Revista de Sexología. Disponible en internet. Consultado 23 de febrero de 2021

González Alonso, María del Rosario (2021). La comunicación asertiva, una habilidad fundamental para el convivir. [Periódico en línea] Noticentral. Disponible en: https://www.ucentral.edu.co/noticentral/comunicacion-asertiva-habilidad-fundamental-para-convivir

 Guinot, José Luis; Cuesta, Manuela; Farriol Valeria y Postigo-Zegarra, Silvia (2019). Duelo anticipado y sentido. CM de Psicobioquímica, 6:35- 45. Disponible en: http://www.psicobioquimica.org/documentos/revistas/numero%206/04.pdf

Jericó, Pilar (2017). Cuando estás cerca de un pasivo agresivo y no lo sabes (aunque lo sufras). El País. [Periódico en línea] El País. Disponible en: https://elpais.com/elpais/2017/10/02/laboratorio_de_felicidad/1506947071_985797.html

Master Y Johnson. (1966). Respuesta sexual humana. Buenos Aires: Intermédica.

Olivero Calvo, Sergio (2018). La personalidad pasivo- agresiva, un grave desafío al equilibrio. En Grupo Doctor Oliveros[Blog]. Disponible en: https://www.grupodoctoroliveros.com/la-personalidad-pasivo-agresiva-un-grave-desafio-al-equilibrio/

Silva, Douglas da (2020). Comunicación efectiva: qué es y cómo usarla para mejorar tus ventas. Zendesk. [Blog] Disponible en: https://www.zendesk.com.mx/blog/comunicacion-efectiva-que-es/

Relaciones Públicas (2019). Hoovering: Identificar una relación tóxica. En Uninter informa al aire [Blog]. Disponible en: https://blogs.uninter.edu.mx/uninterinforma/index.php/2021/03/19/hoovering-identificar-una-relacion-toxica/

Reina-Valera 1960. 1 Corintio 1. Biblegateway [Blog]. Disponible en: https://www.biblegateway.com/passage/?search=1%20Corintios%2013&version=RVR1960

Reixach, Paula (2021). Complejo de santas y putas o madonna whore complex. El Ladrillero. [Blog] Disponible en: https://elladrillero.uy/complejo-de-santas-y-putas-o-madonna-whore-complex/

9 798988 691525